Aussteigerin aus Versehen

Eine wahre Geschichte
vom glücklichen Leben
mit der Einsamkeit und im Wald

Heike Langenkamp

*Einen lieben Dank an meine Freundin,
die in diesem Buch Maren heißt.
Danke, dass du mir immer wieder mit Rat
zur Seite standest und mich
zum Weiterschreiben motiviert hast.*

*Und einen lieben Dank natürlich
an meine kleine Schwester, die mich immer
wieder bei all meinen Ideen unterstützt,
sind sie auch noch so bekloppt.*

Kapitelübersicht

Einleitung

In meinem alten Leben habe ich Informatik studiert, war kontaktfreudig und viel und gern unter Menschen. Heute bin ich am liebsten allein. Ich wohne im Wald. Allein mit meinen Hühnern, den Wachteln, vier Katzen und einem Hund. Ich habe weder Frau noch Mann und auch keinerlei Bedürfnis nach Zweisamkeit. Ich bin mir selbst genug.

Das ist mein Leben. Ich bin „die komische Frau, die mit den vielen Tieren da oben im Wald lebt“ - kurz gesagt: dieimwaldlebt

Meine sozialen Kontakte finden zu gefühlten 88,5% nur noch in der virtuellen Welt statt. Ich führe ein Leben zwischen Einsamkeit und Internet. Und ich fühle mich wohl dabei.

Sollte sich der ein oder andere Leser in diesem Buch wieder erkennen, so ist dies kein Zufall. Alle Geschichten in meinem Buch wurden vom wahren Leben geschrieben und von mir nur so erzählt, wie sie sich aus meiner Sicht ereignet haben. Trotz allem habe ich eure Namen geändert und ich hoffe, die neuen gefallen euch.

Wie alles begann

Entnervt trete ich gegen die Schublade meiner Küchenkommode. Warum zum Teufel geht das Ding immer wieder von selber auf? Das treibt mich noch in den Wahnsinn. Kaum habe ich sie rein geschoben, da wandert sie wie von Zauberhand im Zeitlupentempo wieder raus. Das sind Momente, in denen ich mich nach einem Haus mit Steinwänden und geraden Fußböden sehne. Mein Küchenboden ist aber nicht gerade, er sackt in der Mitte minimal ab. Nicht so viel, dass man es auf den ersten Blick merkt. Ab gerade so viel, dass sich einige der Schubladen meines Apothekerschrankes immer wieder von selbst öffnen. Ich mag diese Art der Schränke mit den vielen kleinen Schubladen. Viel Platz für alles Mögliche. Und sie sehen auch toll aus. Meiner in der Küche ist aus billigem unbehandeltem Kiefernholz, da die richtig tollen unbezahlbar sind.

Und ich mag Holzmöbel. Am liebsten unlackiert und natürlich. Nur fängt dieser Schrank in der Küche immer mal wieder an, Schimmel auf der Oberfläche zu bilden. Die Küche ist klein und direkt gegenüber der Haustür. Im Sommer steht die Haustür ständig offen und so kommt zwar jede Menge frische Luft, aber wohl auch zu viel Feuchtigkeit rein. Darum habe ich nun beschlossen, die Oberfläche zu behandeln. Lasur kommt für mich nicht in Frage. Ich will das Teil ölen. Mit Olivenöl. Ich liebe Öle. Besonders die außergewöhnlichen und hochwertigen Öle. Und ich habe darum meistens auch nur diese teuren Öle im Haus. Also reibe ich die nun Schubladen mit schweineteurem italienischem Olivenöl ein - was soll's: Man gönnt sich ja sonst nix.

Bienchen, mein kleiner Toypudel, findet das Öl auch klasse. Während ich auf der einen Seite die Schubladen einreibe, fängt sie auf der anderen Seite an, das Öl wieder abzulecken. Während ich erneut und zum gefühlten 36ten Mal die doofe Schublade rein knalle, denke ich darüber nach, wie das wohl auf einen Besucher wirken mag. Wenn dieser in die Küche geht - vielleicht um sich einen Kaffee zu holen - und dann sieht er, wie mein Hund die Schubladen ableckt… wäre mir schon irgendwie peinlich. Also sage ich Biene, sie soll das gefälligst lassen und schicke sie aus der Küche. Beleidigt trottet sie davon und hinter ihr schiebt sich leise die Schublade wieder raus.

Jetzt reicht es mir! Ich schmeiße meinen öligen Lappen in die Ecke und gehe an den PC. Da muss es doch was geben! Amazon ist wie immer meine erste Anlaufstelle. Ich kaufe alles inzwischen bei Amazon. Ich liebe diesen Onlinemarkt. Was immer auch ich brauche, die haben es. Ich brauche nur zu bestellen und am nächsten Tag liefert es mir der Postbote frei Haus. Mir gefallen alle Kaufmöglichkeiten, bei denen ich das Haus nicht verlassen muss, denn ich verlasse mein Grundstück nur sehr ungern.

Ich tippe „Türmagnet“ in die Suche ein und bekomme sofort eine Liste angezeigt. Aha – „Magnetschnäpper“ heißen die Dinger also offiziell. Das erste

Angebot ist wie immer das von Amazon selbst. Darunter folgt noch eine Liste der Produkte von Marketplace-Anbietern. Meistens ist aber das erste in der Liste das richtige. So auch diesmal. Da steht „8 Stck. Magnetschnäpper, weiß. 4 kg. Inkl. Schrauben, Möbelzubehör" für 11,90 € - Lieferung bis morgen - kostenlos für Amazon Prime-Mitglieder. Klar bin ich Prime-Mitglied. So oft, wie ich da bestelle, da lohnt sich das. Kostet mich zwar 29,90 € im Jahr. Dafür bekomme ich alle Prime-Bestellungen aber auch am Folgetag. Und ich bin kein geduldiger Mensch. Also bestelle ich die Teile und morgen werde ich es der Schublade zeigen. Wäre doch gelacht.

Wo ich nun schon mal am Computer sitze... da kann ich auch gleich mal schauen was es neues gibt. Ich rufe meinen Blog auf. Keine neuen Kommentare. Schade.

Wieso besuchen eigentlich über zweihundert Leute täglich meinen Blog und hinterlassen dann nirgends einen Kommentar? Sie suchen bei Google nach Wachtelstall, Hühnerfutter, grünen Eiern, etc. ... und landen dann in meinem Blog. In meiner Statistik kann ich sehen, was die Welt interessiert. Dann holen sie sich die gefundenen Informationen und verschwinden wieder kommentarlos. Wenn ich ehrlich bin: genau so mache ich es im Internet ja auch. Eigentlich nicht besonders nett. Aber so ist das Internet nun mal. Aber ich will nicht ungerecht sein. Einige treue Besucher habe ich ja. Und die kommen immer wieder und schreiben mir auch regelmäßig Kommentare zu meinen Artikeln. Darüber freue ich mich sehr.

Ich bin im Internet zu Hause. Das ist meine Welt. Nein, das ist nur eine meiner Welten. Die andere ist mein kleines Häuschen im Wald. Das ist die reale

Welt. Ich lebe in einer ehemaligen Wochenendhütte von etwas über fünfzig Quadratmetern Grundfläche, die auf meinem eigenen dreitausenddreihundert Quadratmeter großen Waldgrundstück steht. Umgeben von noch mehr Wald mit weiteren kleinen Holzhäusern. Die meisten davon sind fast nie bewohnt und das ist auch gut so. Sie gehören Leuten aus Hamburg oder Berlin, die hier früher ihre Wochenenden und Urlaube verbracht haben. Die meisten Besitzer sind inzwischen jenseits der siebzig, also Rentner. Die versterben so nach und nach und deren Kinder haben keine Lust auf langweilige Tage im Wald. Zum Glück. Jedenfalls für mich. Ich liebe die Einsamkeit und es kann mir hier eigentlich gar nicht einsam genug sein.

Keine Nachbarn heißt für mich: keiner meckert, wenn mein Hahn zu viel kräht. Keiner macht Krach, wenn ich in meiner Hängematte dösen will. Keiner sieht mich, wenn ich nachts nackig in meinen Pool springe. Keiner merkt's, wenn ich gegen dreizehn Uhr immer noch im Schlafanzug und Morgenmantel rumlaufe, weil es ja so bequem ist, oder ich einfach noch nicht dazu gekommen bin, mich vernünftig anzuziehen. Blöd nur, wenn ich vergessen habe, dass ich gestern mal wieder etwas online bestellt habe und mich dann der Postbote so erwischt. Schon ein wenig unangenehm … Aber meistens legt er die Post sowieso im Schuppen ab und ich muss auch mit ihm nicht reden. Überhaupt will ich eigentlich mit gar keinem Menschen reden. Worüber auch?

Ich bin genervt von „Smalltalk“ und ähnlich sinnlosen Gesprächen über das Wetter und sonstiges. Wenn, dann rede ich meistens mit oder über meine Tiere. Und das interessiert die wenigsten. Also schreibe ich alles in meinen Blog und werde es so los.

Ich muss noch manchmal an die alten Zeiten zurück denken, als ich noch in einer „normalen" Siedlung gelebt habe. Eine von diesen Siedlungen, in der alle Grundstücke rechteckig und gleich groß sind. Lauter aneinander gereihte Einfamilienhäuser mit gleichem Komposter am Grundstückende. Gerade Straße mit zwei Häuserreihen, so dass sich dann am hinteren Ende des Grundstücks sechs Komposthaufen treffen. Der eigene, einer links einer rechts und drei gegenüber. Und alle Küchenfenster gehen zur Straßenseite, weil alle Häuser irgendwie gleich sind.

Manchmal denke ich mit Gruseln an meine Zeit dort zurück: Morgens gegen sieben Uhr schlurfte ich verschlafen im kurzen Hemdchen mit der Kaffeekanne in der Hand zum Waschbecken, da brüllte mit schöner Regelmäßigkeit jemand aus dem Garten gegenüber ein fröhliches „Mooooorgäääähn" über die Straße und winkte mir zu! Wie ich das gehasst habe! Ich will morgens um sieben Uhr nicht angesprochen werden. Schon gar nicht von wildfremden Nachbarn, die um diese Uhrzeit schon im Vorgarten buddeln. Irgendwann bin ich dann nur noch geduckt zum Waschbecken gekrochen - dieses befand sich dummerweise genau unter besagtem Fenster zur Straße - und habe dann vor der Spüle hockend mit langem Arm heimlich Wasser für die Kaffeemaschine abgezapft. Dabei kam ich mir schon ein wenig dämlich vor. Aber das war im Sommer die einzige Möglichkeit diesem grußfreudigen Nachbarn zu entgehen.

Heute frage ich mich: wieso habe ich die Kaffeemaschine eigentlich nicht ins Wohnzimmer gestellt und das Wasser aus dem Bad geholt? Tja, „so weit" war ich damals noch nicht. Damals war ich noch Mitglied der normalen Welt. Und in dieser Welt gehört die Kaffeemaschine nun mal in die Küche. Warum? Weil alle es so machen und weil es nun mal so ist. Damals lebte ich eben noch normal verheiratet in einem normalen Haus mit normalem Vorgarten in einer normalen Siedlung. Obwohl ich mir schon damals Gedanken über den Sinn einiger normalen Dinge gemacht habe.

Zum Beispiel darüber, warum alle Häuser diesen sinnfreien langweiligen Vorgarten haben. Man kann nix darin machen, weil keiner an der Straße sitzen will. Man muss ihn aber doch dauernd pflegen, weil ja jeder ihn sieht. Mich nervte dieses Stück vom Grundstück, denn es sorgte ständig für Ärger. Unsere damaligen Vermieter waren auch gleichzeitig meine Schwiegereltern. Und wenn der Rasen in diesem Vorgarten mal zu hoch war, dann gab es sofort „was sollen die Leute denken" Vorwürfe. Das war mir doch egal. Meiner Schwiegermutter leider nicht. Und so gab es ständig Reibungspunkte und irgendwann hatten wir die Nase voll und sind ausgezogen.

Damals waren wir - mein Ex-Mann und ich - knapp bei Kasse. Wir hatten vier Katzen und zwei Hunde und suchten für uns alle eine neue Bleibe.

Nur: „Wohin?"

Und: „Wer nimmt uns mit all den Tieren als Mieter?"

Richtig: „Niemand!"

Da wir keine Wohnung fanden, suchten wir nach einem bezahlbaren Haus. Ich studierte noch Informatik und jobbte nebenbei. Mein Ex verdiente als Speditionskaufmann auch nicht gerade viel. Somit war die Auswahl nicht sehr groß. Ich weiß gar nicht mehr, wieso wir dann anfingen uns diese Holzhäuser anzusehen. Wahrscheinlich weil sie billig waren. Und uns beiden gefiel der Gedanke, irgendwo im Wald und in der Einsamkeit zu wohnen. Ein Ergebnis der jahrelangen Nerverei durch Schwiegereltern und Nachbarn. Irgendwann besichtigten wir dann dieses eine Grundstück, auf dem ich heute alleine lebe. Und wir waren uns sofort einig: das isses!

Ich verliebte mich damals spontan in die kleine Terrasse zwischen den hohen Tannen, um die sich kreisförmig eine Buchenhecke schlängelte.

„Was für ein schönes Plätzchen“, dachte ich damals.

Heute finde ich diese Terrasse immer noch hübsch – benutze sie allerdings fast nie, da es dort im Sommer immer zu heiß und im Winter zu kalt ist. Wir verliebten uns beide in das hübsche kleine Holzhaus und wir haben es gekauft. Allerdings waren weder das Haus noch das Grundstück in besonders gutem Zustand. Die Vorbesitzer waren schon Jahre zuvor gestorben und die Erben hatten sich nie darum gekümmert. Im Haus zierten überall „Omatapeten“ die Wände, der Boden war mit muffigem, matschgrünem Teppich ausgelegt. Nicht gerade unser Stil. Also fuhren wir erst mal zum Baumarkt und deckten uns mit Farbe ein. Emsig machten wir uns an die Renovierungsarbeiten. Da uns Tapezieren zu anstrengend und teuer war, überstrichen wir die Tapeten einfach mit weißer Farbe. Für den Fußboden wollten wir uns später eine Lösung überlegen. Vorerst sollte der so bleiben.

Am Wochenende war es dann so weit und wir machten uns an der Arbeit. Das Haus hat ja nur fünfzig Quadratmeter. Somit ging das Streichen der Wände flott voran. Die Realität erwischte uns dann nach dem ersten Streich- und Renoviertag. Wir packten spät abends ziemlich erschöpft alles zusammen und wollten nach Hause fahren. Also Licht aus und vor die Tür getreten … Huch! Dunkelheit.

Und wenn ich sage Dunkelheit, dann meine ich „echte“ Dunkelheit. Also: stockdunkel!

„Äääh - wo is´n das Auto jetzt? Und wie kommen wir da hin?“

Bisher hatten wir immer nur in Gegenden gewohnt, wo nachts immer irgendwo eine Laterne brennt. Hier brannte nix. Gar nix! Nur ein paar Sterne am Himmel waren zu sehen. Das war neu für uns. Und das war ab jetzt unser neues Zuhause. Daran muss man sich erst einmal gewöhnen. Also machten wir das Licht im Haus wieder an – dann das Licht am Auto an – das Licht im Haus wieder aus, um durch die Dunkelheit zum Auto zu stolpern. Gleich am nächsten Morgen fuhren wir erneut in den Baumarkt und kauften eine Außenlampe mit Bewegungsmelder. Und zwei riesige Handstrahler, die im Laufe der nächsten Jahre zu unseren ständigen Begleiter wurden. Dieser überraschende Moment damals, der ist mir bis heute in Erinnerung geblieben, als wäre es gestern gewesen.

Übrigens hatten wir damals den zweiten Schweif vom Halleyschen Kometen schon längst mit bloßem Auge entdeckt, bevor die Presse erstaunt darüber berichtete. Dunkelheit hat auch Vorteile.

Heute empfinde ich die Dunkelheit ganz anders. Machte sie mir damals noch ein wenig Angst, so fühle ich mich inzwischen wohl darin.

Wenn in der Nacht alles still wird im Wald und ich nichts weiter sehe, als die Sterne am Himmel …. Es gibt nur wenige Momente in meinem Leben, die das noch toppen können. Die Dunkelheit legt sich nun schützend um mich und mein Haus. Seltsam, wie unterschiedlich man ein und dieselbe Situation empfinden kann. Und heute stört es mich sehr, wenn die Nachbarn im Sommer ihre Häuser temporär beziehen und dann die ganze Nacht die Außenbeleuchtung an lassen.

Manchmal werde ich gefragt: „Hast du keine Angst nachts alleine im Wald?"

„Nein, habe ich nicht. Ich fühle mich hier absolut sicher, weil die bösen Buben sich hier nachts auch nicht hin trauen", ist dann meine Antwort.

Ich habe mehr Angst davor, in der Dunkelheit in der Stadt mein Auto im Parkhaus zu suchen, als davor, hier mitten in der Nacht durch den Wald spazieren zu gehen.

Die Renovierungsarbeiten gingen schnell voran und irgendwann war es dann so weit und wir zogen ein. Ich will nun nicht die anschließenden fünf Jahre hier mit meinem Ex-Mann beschreiben, denn darum geht es in diesem Buch nicht. Also hier nur die Kurzform. In einem Holzhaus von fünfzig Quadratmeter geht man sich zu zweit ziemlich schnell auf die Nerven. Besonders im Winter, wenn man nicht mal in den Garten ausweichen kann. Und in einem Holzhaus ohne Heizung und sonstigem Luxus noch schneller. Allein das Premiere-Abo hat es uns überhaupt so lange miteinander aushalten lassen. Der Fernseher als neutraler Dritte. Schließendlich war die Ehe irgendwann doch am Ende und ich zog aus. Wenige Monate später schon waren wir geschieden. Etwa ein Jahr nach mir zog auch mein Exmann aus. Das Haus stand leer – das Grundstück verwilderte.

Etwa drei Jahre später überlegte ich, dass ich mir

ein Wochenendhaus, welches ich nicht mal nutze, eigentlich gar nicht leisten kann. Das Haus hatten wir auf Kredit gekauft und dieser war noch lange nicht abgezahlt. Wir zahlten damals jeder noch knapp dreihundertfünfzig Euro monatlich dafür ab, ohne dass einer von uns das Haus nutzte.

Keiner von unser beiden wollte alleine da im Wald leben. Fernab von allem. Ohne jeglichen normalen Komfort, den man aus einer Mietwohnung kennt und gewohnt ist. Aber bezahlen mussten wir trotzdem dafür. Verkaufen konnten wir es auch nicht – denn andere wollten leider auch nicht so leben. Der Ort ist so weit weg von allem, dass die hohen Benzinpreise schon jeden davon abhalten hier zu wohnen. Genau das war auch jahrelang meine Rechnung gewesen.

Bis dahin hatte ich zusammen mit meinem damaligen Partner Ulf ein Büro in Lüneburg und ich wohnte gut fünf Kilometer davon entfernt in einem kleinen Dörfchen zur Miete. Hätte ich zu der Zeit schon hier im Wald gelebt, dann wäre das Benzin für die täglichen Fahrten ins Büro teurer gewesen als die monatlichen dreihundertfünfzig Euro, die mich das Holzhaus ungenutzt kostete. Traurig, aber wahr. Doch dann lösten Ulf und ich erst unsere Beziehung und anschließend auch unser Büro in der Stadt auf. Ich arbeitete zwar immer noch selbständig – aber von nun an von zu Hause aus. Und das konnte ich genau so gut auch hier im Wald.

Nach langem Überlegen kam ich zu dem Entschluss: ich ziehe in den Wald – auch wenn mir der Gedanken daran Angst machte. Ich war mir nicht sicher, ob ich das aushalte. Ich schreibe deswegen „aushalte", weil es mir damals ehrlich gesagt davor graute, hier „wohnen zu müssen“.

Die Decken im Haus sind gerade mal zwei Meter hoch und somit das ganze Haus dunkel und klein und eng. Ein Haus, das mir allein beim Gedanken daran schon Depressionen verursacht. Meine damalige Wohnung, in der ich zur Miete wohnte, war mit fünfundsechzig Quadratmeter um einiges größer und viel heller. Sie hatte eine riesige Küche mit Fensterfront. Wenn mir kalt war, dann drehte ich einfach die Heizung auf. Das alles gab es hier im Wald nicht. Keine Heizung – nur ein alter, stinkender Ölofen, den man täglich mit Hilfe einer ebenfalls stinkenden Ölkanne füllen musste. Und das Öl musste Kanne für Kanne aus dem Schuppen geholt werden. Dort gab es einen Tank mit einer Handpumpe. Also hieß es: Kanne schnappen – nach draußen in den Schuppen latschen und Öl abpumpen. Wenn man es nachmittags vergessen hatte, dann eben auch mitten in der Nacht. Dann zurück und den Ölofen auffüllen, ohne dabei all zu viel Öl auf den Teppich zu tropfen. Das gelang nicht jedes Mal und so stank es hier immer ein wenig nach Heizöl.

Dadurch, dass das Haus so lange leer stand, roch es muffig. Die Wände waren feucht, der Küchenboden schief. Der Durchlauferhitzer in der Küche hatte schon lange sein Leben ausgehaucht, dafür war es unter der Badewanne im Bad umso lebendiger geworden. Was genau da alles lebte, das will ich gar nicht so genau wissen ... aber es roch nicht sympathisch. Schlimm genug, dass ich nun am Ende der Welt in Einsamkeit leben musste, so wie es dort derzeit aussah, so konnte ich da nicht einfach wieder einziehen.

Das Haus musste dringend renoviert werden – und eine neue Kläranlage war inzwischen auch Vorschrift. Mir fehlte dafür das nötige Geld, und so setzten wir uns zusammen: mein inzwischen Ex-Mann, unser Bänker und ich. Der Sparkasse war natürlich auch an dem Werterhalt „ihres“ Grundstücks gelegen und mein Ex (inzwischen neu verheiratet und mit Kindern) froh, wenn er sich nicht mehr darum kümmern musste. Der Bänker bot uns einen Renovierungs-Kredit an, wir nahmen ihn, und ich hatte dadurch nun genug Geld, das Haus und das Grundstück so auf Vordermann zu bringen, dass ich es hier aushalten konnte.

Den Ölofen habe ich als erstes raus geschmissen. Dafür habe ich mir zwei schicke weiße Dauerbrandöfen gekauft. Einen für das Wohn- und einen für das Schlafzimmer. Mehr Wohnräume hat das Haus nicht. Die Rohre für den Ofen im Schlafzimmer musste ich erst legen lassen, denn dort war kein Anschluss zum Schornstein. Schlauerweise habe ich die Rohre dann so im Bogen legen lassen, dass sie von dem Schlafzimmer ins Bad gehen – und von dort dann an die Rückseite des Schornsteins. Wenn es nun also mal richtig kalt ist und ich den Ofen im Schlafzimmer auch anfeuere, dann wird dadurch automatisch auch das Bad ein wenig aufgeheizt. Trotzdem habe ich mir für das Bad zusätzlich auch noch eine strombetriebene Rippenheizung mit Temperatur-Zeitschaltuhr gegönnt. Man kann damit drei Zeitzonen mit unterschiedlichen Temperaturen einstellen.

Was für ein Luxus. Morgens ein warmes Bad – das gab es hier früher nie.

Überhaupt war das Bad eines meiner größten Projekte und ich habe dort auch viel von dem mir zur Verfügung stehenden Geld rein gesteckt. Eine neue Toilette, die über dem Boden hängt, so dass man unten keine Schmutzränder hat. Eine neue Duschwanne in neunzig mal neunzig Zentimeter, bei der man nicht dauernd mit dem Hintern an die kalte Fliesenwand kommt. Weg mit den Duschvorhängen – schicke Glastüren für die Dusche eingebaut. Und dann habe ich diese hässlichen Boden-Fliesen im 70er-Jahre-Charme mit edlen Marmor-Mosaikfliesen in warmem Terrakotta-Ton überklebt. So langsam fing ich an mich mit dem Haus anzufreunden.

Als nächstes kaufte ich für alle Räume Tageslicht-lampen. Nachdem ich im Wohnzimmer die dunkle Holzdecke weiß überstrichen und die Tageslichtlampe installiert hatte – da war es auf einmal ein ganz anderer Raum. Die Wände aller Räume habe ich neu gestrichen. Fast alle in unterschiedlichen Grüntönen. Es sollte ein buntes und fröhliches Haus werden. Nur im Bad entschied ich mich für einen gelben Anstrich.

Die Küche musste auch komplett neu gemacht werden. Für den Boden kaufte ich Laminat in „Pinie Verde". Es sieht aus wie ein alter, zerkratzter Eichendielenboden, inklusive der sehr realistisch wirkenden aufgemalten Kratzer und Risse. Es war teurer als normales Laminat, verlieh den Räumen aber eine gewisse Behaglichkeit – sofern das mit Laminat überhaupt möglich ist.

Damals hielt ich die Wahl jedoch für schlau. Naja: ehrlich gesagt hielt mein Exfreund Ulf sie für schlau und ich hatte mich mal wieder überzeugen lassen. Ich muss immer noch schmunzeln über den Kommentar von Ulfs Mutter, als sie das „Pinie Verde"-Laminat zum ersten Mal sah: „Das sieht ja hübsch aus, aber kriegst du die Striche nicht weg geputzt?"

Meinen Einwand, dass ich diese „Striche" teuer bezahlte habe, den hat sie wohl bist heute nicht verstanden. Inzwischen liegt darauf übrigens Teppich, denn Laminat ist und bleibt einfach ein furchtbarer Bodenbelag. Egal was Ulf dazu sagt. Und inzwischen kann ich meine Entscheidungen ja auch selber treffen … was mir damals noch nicht so wirklich gelang.

Für die Küche und den Flur hatte ich Fliesen-Laminat gekauft. Das gefällt mir noch heute, denn es hat eine raue Oberfläche und sieht wirklich wie Terrakotta-Fliesen aus.

Das Laminat verlegte ich mit Hilfe meiner Schwester Paula. Überhaupt war Paula eine tolle Hilfe. Ich weiß nicht, wie ich das alles ohne sie geschafft hätte. Wohl gar nicht. Gemeinsam rissen wir den Boden aus der Küche und setzten neue Grundbalken rein. Stolz kritzelten wir unsere Namen auf die Balken bevor wir die Dämmung und den neuen Boden darauf verlegten. Mit ihrer Hilfe baute ich die neue Einbauküche ein, die ich von Ulf „geerbt" hatte. Paula war fast jeden Tag hier und ich bin ihr unendlich dankbar dafür. Es hat etwa ein halbes Jahr gedauert – dann war das Haus in so einem Zustand, dass ich einziehen konnte.

Der Umzugstag kam. Wochenlang hatte ich mein Inventar nach und nach in Kisten verpackt, die nun überall in der Wohnung im Weg standen. Über my-Hammer fand ich ein Unternehmen, das all meinen Krempel günstig von A nach B transportierte. Morgens um sieben Uhr standen sie bei mir vor der Tür und nachmittags gegen fünfzehn Uhr waren alle meine Habseligkeiten inklusive Hund und Katze im Waldhaus. Da saß ich nun. Zwischen über dreißig gefüllten Kisten, alleine im Wald. Mein neues Leben begann. Und mir war irgendwie ganz schön mulmig dabei. Aber es gab nun kein Zurück mehr.

Auf's Huhn gekommen

Schon bevor ich hier in den Wald zog, hatte ich zusammen mit meinem damaligen Freund Ulf vier Hühner. Dazu gekommen sind wir durch einen Bericht in der Zeitung oder war es online? Wahrscheinlich online – wer ließt denn heute noch Zeitungen. Ich jedenfalls nicht. Und wenn, dann eben auch online. Wie auch immer. In dem Artikel stand: In der flämischen Kleinstadt Diest wurden von Amts wegen Hühner an die Haushalte verteilt, um die Biotonnen zu ersetzen. Man hatte herausgefunden, dass jeder Mensch im Schnitt so viel Biomüll verursacht, wie ein Huhn zum Fressen braucht. Darum zog die Stadt die Biotonnen ein und ersetzte diese durch Hühner.

Diese Idee fanden wir witzig und blickten spontan auf unsere beiden überquellenden Komposthaufen. Tja – und plötzlich hatten Ulf und ich ein paar Hühner. Wenn ich heute daran denke wie naiv wir das angegangen sind – unglaublich. Damals dachte ich noch: Hühner brauchen einen Stall, was zu fressen und sonst nix. Und ich bekomme dafür die Eier.

Ja – so einfach hatte ich mir das vorgestellt. Ich denke mal, dass viele Menschen so einfach auch ihre Hühner halten. Aber das sind ja auch nicht solche tierlieben Weicheier wie ich. Ich will natürlich alles perfekt machen für das liebe Tier. Bei mir sollen alle artgerecht und glücklich leben, damit ich abends beruhigt einschlafen kann. Und schon fing es an kompliziert zu werden.

Die erste Zeit verlief noch ruhig und entspannt. Es waren wirklich hübsche Hühner. Reinrassige Deutsche Zwerghühner. Wir hatten sie von einer Bekannten bekommen, die schon länger ein paar Hühner hält. Bis dahin war ein Huhn für mich eigentlich braun oder höchstens noch weiß und sah so aus, wie man sie eben aus der Werbung kennt. Ein Huhn halt. Dachte ich damals. Heute weiß ich, dass es ebenso viele Hühner- wie Hunderassen gibt, wenn nicht sogar noch mehr. Und das Huhn überhaupt nicht gleich Huhn ist. Und unkompliziert schon gar nicht. Jedenfalls nicht, wenn man solche Ansprüche an die Tierhaltung hat, wie ich sie habe. Die Hühner lebten bei Ulf im durch hohe Häusermauern abgeschlossenen Innenhof und fühlten sich dort sichtlich wohl.

Als wir die „Mädels“ bekamen, da wurden wir auch mit ein paar Bruteiern und dem Kommentar „die eine gluckt gerade“ versorgt. „So, so“ – dachte ich, „was immer das sein mag“. Also legten wir diese Eier in die hastig zusammengezimmerte Legenester und sagten: „Huhn, mach ma.“

Die Hühner aber waren nicht mehr gluckig. Will heißen: bei der Vorbesitzerin wollten sie Eier ausbrüten, aber durch den Umzugsstress war ihnen die Lust dazu vergangen und sie ignorierten die angebotenen Bruteier. Da diese Eier von „normalen“ Hühnern abstammten (inzwischen weiß ich ja, dass es gar keine normalen Hühner gibt), waren sie sehr viel größer als die Eier unserer Zwerghühner. Dadurch konnten wir sie leicht auseinander halten. Wir ließen die großen

Eier als Lege-Animationshilfe in den Nestern liegen und sammelten immer nur die frischen kleinen Zwerghuhn-Eier ein. Und wir dachten nicht mehr drüber nach.

Etwa vier Monate später wurden ich beim täglichen Eiersammeln überrascht: Irgendetwas piepst da doch wie verrückt! Wo kommt das nur her? Einen Moment später entdeckte ich die Quelle des ungewöhnlichen Geräuschs. Es war ein kleines, schwarzes Küken geschlüpft und piepste mich fröhlich an.

Ich dachte „Ach du Scheiße – wo kommst du denn her? Und was jetzt??"

Panik machte sich in mir breit. Auf so einen Nachwuchs war ich in keinerlei Hinsicht vorbereitet. Das kleine Küken piepste mich freudig an und meine Mutterinstinkte waren hellwach. Tausend Fragen schossen mir in den Kopf. Was frisst so ein kleines Wesen? Braucht es irgendwie eine Wärmequelle? Besonderes Futter? Stillen fällt bei Hühnern ja wohl weg. Also musste das kleine Ding irgendetwas anderes zu Fressen bekommen.

Panisch machte ich mich im Internet auf die Suche nach Hilfe und Beistand und landete in dem Hühnerforum unter huehner-info.de. Als kompletter Neuling in Sachen Hühner suchte ich dort nach Hilfe.

Heute – etwa sechs Jahre später – gehöre ich dort mit derweil über zweitausend Beiträgen zu den „alten Hasen" und kann so manchem Neuling Hühnerratschläge erteilen. Davon war ich damals aber noch meilenweit entfernt!

Ich schrieb also in's Forum was sich bei mir ereignet hatte. Wenige Minuten später bekam ich die ersten Antworten.

„Wow", dachte ich, „die sind aber fix hier!"

Und dann wurde ich überschüttet mit Informationen, Tipps, Regeln, Glückwünschen, Begrüßungswünschen und so weiter. Dass Hühner aber auch soooo kompliziert sein können, das hätte ich im Leben nicht gedacht. Und so langsam musste ich feststellen: eigentlich hatte ich bisher so ziemlich alles falsch gemacht, was man als Hühnerhalter nur falsch machen kann. Ja – auch Hühner müssen entwurmt werden. Und sie brauchen solche Dinge wie Muschelkalk. Und man muss sie auf Milben untersuchen und gegebenenfalls was dagegen tun. Und die Küken erst … die sind ja noch viiiel komplizierter.

Oh Mann, – da hatte ich mich auf was eingelassen. War ich vorher auf dem Level „Tür auf – Huhn rein – Tür zu – fertig", so wurde die Hühnerhaltung nun für mich zu einer eigenen Wissenschaft. Mit Hilfe der vielen netten User aus dem Forum schaffte ich es, das Küken erfolgreich groß zu ziehen und dabei noch allerhand über Hühnerhaltung zu lernen.

Als ich nun in den Wald zog, da zogen natürlich auch meine Hühner mit. Eigentlich waren es ja unsere Hühner. Aber zum einen kümmerte ich mich meistens sowieso alleine um sie, zum anderen ist es für Hühner im Wald sowieso schöner als in so einem schnöden Innenhof. Also packte ich sie in einen Karton und transportierte sie darin in ihr neues Zuhause. Und die fanden es toll hier, denn sie konnten auf über dreitausend Quadratmeter Wald rumstreunen und machen, was sie wollen. Klar, dass sie davon begeistert waren.

Weniger begeistert war meine Nachbarin Petra, die einzige Person, die mit ihrem Mann hier im Wald auch ganzjährig wohnte – Luftlinie knapp dreihundert

Meter entfernt. Kaum waren die Hühner hier eingezogen, da gab es auch schon den ersten Stress. Aus dem kleinen süßen schwarzen Küken war nämlich mittlerweile Dank Forum und guter Pflege ein riesiger, stolzer Hahn geworden: Thorsten Schmidt war sein Name. Ein wirklich prächtiges Tier.

Mit ebenso prächtiger Stimme. Und sein morgendliches Krähen brachte meine Nachbarin um Verstand und Schlaf. Und meine Nachbarin brachte und bringt mich zunehmend an den Rand des Wahnsinns. Mehr als jeder Hahn. Ärgerlich: da wohne ich wirklich einsam und abgelegen im Wald, rund um mich rum lauter verlassene Häuser … und dann ist da eine einzige Nachbarin – und das muss ausgerechnet eine Frau ohne Tiefschlafphase sein. Die Welt ist einfach ungerecht!

Ich selber hörte den Hahn morgens nie. Aus ganz einfachem Grund: Nachts um halb vier schlafe ich noch! Daran änderte auch ein krähender Hahn nix. Wenn ich schlafe, dann könnte auch jemand das Haus über mir abtragen – ich würde es glatt verschlafen. Aber besagte Nachbarin hat leider einen viel leichteren Schlaf – einen so leichten, die wacht schon auf, wenn vor ihrem Fenster ein Eichhörnchen vom Baum pinkelt.

Übrigens pinkeln Eichhörnchen nachts tatsächlich vom Baum (von wo auch sonst?). Ich weiß: darüber macht sich der normale Bürger natürlich keine Gedanken. Also wie, wann und wo Eichhörnchen denn eigentlich pinkeln. Muss er ja auch nicht. Darüber denkt man erst nach, wenn man sich selbst zu so einem Zeitpunkt gerade unter dem Baum befindet und sich wundert, was einem da eigentlich auf den Kopf tropft. DANN weiß man wie, wo und wann Eichhörnchen pinkeln.

Eine Zeit lang gelangt es mir, Petra ruhig zu stellen. Aber irgendwann musste ich mich leider dann doch von Thorsten Schmidt trennen und suchte und fand über das Hühnerforum ein nettes neues Zuhause für ihn. Mein Verhältnis zu Petra bekam die ersten Risse. So ein Jammer. Nicht wegen Petra – sondern wegen des Hahns.

Thorsten Schmidt war ein wirklich lieber Kerl. Sehr zutraulich und handzahm. Das war auch gut so, denn die Hühner dachten damals gar nicht daran, abends in den eilig für sie gezimmerten Stall zu gehen. Aus Kostengründen und auch ein wenig aus Faulheit hatte ich nur einen sehr kleinen Stall gebaut. Eher ein „Ställchen". Dieser sollte auch nur zum Schlafen dienen. Tagsüber waren sie ja draußen unterwegs.

Doch die Hühner dachten: „Wieso in dem doofen Stall schlafen, wenn hier doch genügend natürliche Alternativen stehen?"

Ich muss gestehen, irgendwie klingt diese Argumentation logisch. Und so saßen sie abends alle in den Bäumen neben dem Stall. In dem Hühnerforum war ich inzwischen Stammgast und daher wusste ich: Hühner dürfen nicht einfach in der Nacht draußen bleiben. Dann werden sie nämlich von fiesen Wildtieren gefressen und das wäre ja nun echt blöd. Meine Hühner hatten ihre eigene Meinung dazu. Mir blieb nichts anderes übrig, als sie abends persönlich in den Stall zu bringen. Also ging ich jeden Abend raus zum „Hühnerpflücken".

Geschätzte 92,53% aller Bäume hier sind doofe Kiefern. Und die sind verdammt hoch. Zu hoch für mich. Also kaufte ich eine Leiter, stellte diese an den Baum und kletterte jeden Abend daran hoch, um meine Hühner aus dem Baum zu sammeln. Anfangs versuchte ich die sturen Viecher zu greifen. Das fanden die Hühner richtig scheiße, flogen einfach auf den nächst höheren Ast und machen dabei einen Spektakel, als kämen sie auf die Schlachtbank. DAS wäre ein Grund für meine Nachbarin gewesen sich zu beschweren. Aber darüber beschwerte sich Petra nie. Der Mensch hört ja generell sehr selektiv.

Mit einfach Grabschen funktionierte es also nicht. Dann versuchte ich eine neue Methode: ich schob ihnen meinen Unterarm an die Brust und begann zu drücken und zu schieben, so dass sie die Wahl hatten zwischen vom Baum fallen oder auf meinen Arm zu klettern. Irgendwer hatte im Hühner-Forum mal in seiner Signatur stehen „Hühner sind nicht dumm – ihnen fehlt lediglich die Logik." Stimmt. Die fielen lieber vom Baum, als meinen Arm als Sitz- und Transportgelegenheit anzunehmen.

Dabei darf man übrigens nicht vergessen, dass das ganze überhaupt nur in der Finsternis funktioniert, dann sehen die Hühner nämlich nix. Tagsüber oder wenn es noch zu hell ist, da hat man gar keine Chancen. Durch mein Leben im Wald gibt es einige unverzichtbarer Erfindungen, die ich im Laufe der Jahre immer mehr schätzen gelernt habe. Eine davon ist die Stirnlampe. Wer die erfunden hat, der verdient meiner Meinung nach einen fetten Preis. Oder wenigstens einen ordentlichen Nachruf – wie auch immer.

Die Stirnlampe gehört zu den Errungenschaften, ohne die ich nicht mehr leben kann und will.

Und meine ist besonders klasse – die kann man nämlich wahlweise auf weißes oder auf rotes Licht einstellen.

Nun mag sich der ein oder andere fragen: „Wozu

braucht man denn rotes Licht?"

Die Antwort ist ganz leicht: Wie bereits erwähnt, sehen Hühner nachts ja nix. Ich allerdings auch nicht! Also brauche ich Licht. Mit Taschenlampe zum Hühnerpflücken auf einen Baum klettern? Eine Hand an der Leiter in der anderen eine Taschenlampe – Hände alle. Und welche nimmt jetzt das Huhn? Nee – das geht gar nicht. Aber mit Stirnlampe – das ist schon mal ganz was anderes.

Nun gibt es da ein klitzekleines neues Problem: Mit Stirnlampe habe ich die Hände frei und kann auch nachts was sehen. Dummerweise die Hühner dann aber auch!

Und das ist dann der Moment, wo die „ich kann auch Rotlicht einschalten"-Funktion gefragt ist. Damit sehe ich zwar sehr viel weniger, weil es nur so ein Schummerlicht ist, die Hühner aber auch. Und nun stelle man sich mal eben bildlich vor: Frau mit Rotlicht an der Stirn klettert nachts fluchend in Bäumen rum und versucht dabei Hühner aus den Ästen zu pulen, ohne dabei von der Leiter zu fallen. Das sind Momente, wo ich froh bin so abgelegen zu wohnen ....

Irgendwann saß Thorsten mal so blöd, dass er mit der Brust direkt an einen weiteren Ast gequetscht war. Also bequem sah das nicht aus. Aber er wird's besser wissen. Ich kam von vorne nicht an ihn ran und musste es von hinten versuchen. Ich drückte meinen Unterarm an seinen Po und schob vorsichtig weiter ... und was machte der blöde Hahn? Einen Schritt zurück – erst einen Fuß – dann den anderen ... schon saß er friedlich auf meinem Arm! War das jetzt nur Glück oder Zufall? Oder sollte es wirklich soooo einfach sein? Verwirrt trug ich ihn in den Stall und schob ihn dort auch wieder rückwärts auf die Stange. Wieder das gleiche Spiel: Fuß eins – Fuß zwei und er saß auf der Stange. Keinen Pieps gab er während der ganzen Aktion von sich!

Also versuchte ich das Gleiche bei den Mädels. Und siehe da: Auf diese Weise war es total leicht sie von A nach B zu transportieren. Auch sie stiegen ohne zu Murren rückwärts erst auf meinen Unterarm und von dort dann auf die Stange im Stall. Hach – das Leben kann so einfach sein. Von da an wurde die abendliche Pflückaktion wesentlich entspannter für beide Seiten. Meistens jedenfalls.

Zwerghühner können übrigens fliegen. Und das ziemlich gut. Die fliegen wie Tauben aus dem Stand mal eben vier bis fünf Meter hoch. So auch meine. Eines Tages beschlossen sie, dass es weiter oben im Baum viel sicherer ist. Sicherer vor mir, denn da kam ich nicht so einfach dran. Was also tun? Die Hühner einfach draußen lassen? Nein – das kam für mich nicht in Frage. Also nahm ich eine lange Latte, und noch eine Latte, und noch eine ... schraubte diese zusammen und angelte damit nach den Hühnern. Das klappte mit ein wenig Übung dann auch ganz gut. Ich schob einfach die Latten-Angel von hinten unter das Huhn, wartete bis es sicher drauf saß und holte es dann ein wie ein Fischer sein Netz.

Eines Tages fragte ich mich: „Willst du wirklich bis an dein Lebensende deine Hühner aus dem Baum pulen?"

„Neee, willst du nicht!", war meine Antwort.

Normalerweise gehen Hühner abends selbstständig in den Stall, denn auch sie wissen, dass man als Huhn in der Nacht im Freien etlichen Gefahren ausgesetzt ist. Alle Hühner machen das, nur meine nicht.

Wieso also gehen die Hühner nicht in den Stall, den ich ihnen mühselig zusammen gezimmert habe? Ich hatte, wie bereits erwähnt, einen sehr kleinen Stall gebaut, da die Hühner ihn ja nur zum Schlafen brauchten. Er hatte eine Grundfläche von einem Quadratmeter und oben zwei Stangen drin. Für meine kleine Truppe völlig ausreichend – meinten meine Ratgeber im Hühnerforum jedenfalls. Meine Hühner sahen das wohl anders. Sie hassten meinen Stall, so viel war klar. Lieber setzten sie sich nächtlichen Gefahren aus, als freiwillig in diese Kiste zu gehen.

Ich hatte also die Wahl: Einen größeren Stall bauen oder auf ewig Hühnerpflücken. Ich entschied mich zum Stallbau. Inzwischen hatte ich übrigens zu den drei Zwerghühnern (das vierte war leider bereits im Innenhof an einer Milben-Invasion verstorben, bevor ich wusste, dass es diese Viecher überhaupt gibt) noch ein weiteres Huhn – meine Gertrud – von einer Userin aus dem Hühnerforum dazu bekommen. Und außerdem hatten die Zwergdamen heimlich zwei Küken – Anneliese und Gretel – ausgebrütet und groß gezogen. So hatte ich inzwischen sechs Hühner und einen Hahn.

Zeit für einen richtigen Stall

Ein richtiger Stall sollte her. Ein Stall, in den man rein gehen kann, der genug Platz bietet für die Hühner und allerlei sonstiges, was die Tiere außerdem noch brauchen. Ich beschloss den Stall aus Holz zu bauen. Heute wünsche ich mir oft einen Stall aus Stein, so einen richtig stabilen ohne Ritzen und Löcher. Steinwände kann man viel besser sauber und frei von Milben halten. Steine haben aber auch einen Nachteil: sie sind schwer. Und Mauern ziehen kann ich auch nicht. Holz ist klasse. Holz kann man auf alle möglichen Arten zusammenschrauben. Man kann Holz einfach auf die passende Größe sägen und es ist auch viel leichter zu tragen und ranzuschaffen.

Bisher hatte ich alles Material immer im Baumarkt gekauft. Ich fuhr damals einen Kombi und dort passte allerlei rein. Aber für so einen richtigen Hühnerstall, da benötigte ich eine Menge Holz. Mehr, als in mein Auto passte. Ich recherchierte nach Lieferanten und fand zu meinem Erstaunen einen Holzhandel im Nachbardorf. Bei meinem Anruf dort erfuhr ich dann, dass dieser allerdings bereits seit Jahren nicht mehr in Betrieb ist. Aber es war noch jede Menge Material am Lager und ich sollte einfach mal vorbei kommen.

Gesagt, getan.

Ich traf dort auf einen sehr netten älteren Herrn, den inzwischen pensionierten Holzhändler. Holz war jede Menge da – und auch billig. Nur wusste ich nicht, wie ich diese drei Meter langen Bretter befördern sollte. Der Mann war wirklich nett und lieh mir kurzerhand seinen Pritschenwagen. Also luden wir gemeinsam so viel Holz drauf, wie ich seiner Meinung nach für mein Vorhaben brauchte. Mit dem geliehenen Fahrzeug fuhr ich stolz meinen Holzberg nach Hause, lud ihn dort ab und fuhr wieder zurück, um mein Auto abzuholen. Nun konnte es also losgehen.

Mein Werkzeug für das Bauvorhaben war eher spartanisch: ich hatte mir aus dem Baumarkt eine billige Kapp- und Gehrsäge für neununddreißig Euro gekauft. Außerdem standen mir noch ein Akkuschrauber und ein Hammer zur Verfügung. Das war's. Natürlich hätte ich lieber eine richtige Säge gehabt, aber dafür hatte ich weder Platz noch Geld. Es musste eben so gehen.

Mein Problem war: Ich war alleine.

Wie also ein Haus bauen, wenn niemand da ist, der mal eben eine Latte halten kann? Ich überlegte lange, wie und wo ich nun anfange. Normalerweise würde man wahrscheinlich erst mal das Gerüst bauen. Dafür brauchte es aber mindestens zwei Leute. Not macht ja bekanntlich erfinderisch. Ich entschied mich für einen anderen Weg: ich baute erst einmal eine Wand – liegend – auf dem Boden. Diese wollte ich dann einfach aufstellen und den Rest dranbauen.

Gesagt, getan – und schon nach gut einer Stunde war die Wand fertig. Sie war zwei Meter hoch und drei Meter lang. Und schwer. Verdammt schwer sogar. Ich zog, stemmte, fluchte … nix zu machen. Nach knapp zwei Stunden war ich schweißnass und kapitulierte frustriert. Das Teil war einfach zu schwer für mich.

Was tun? Ich bekam dieses Ungetüm beim besten Willen nicht hoch.

Nachbarin Petra um Hilfe bitten?

Niemals! Also Planänderung.

Mein Hühnerhaus brauchte ja auch einen Boden. Also sagte ich: Wand, du bist nun keine Wand mehr – du bist nun der Boden. Der Wand war es egal und mir inzwischen auch. Nun schraubte ich an den Boden einfach senkrechte Balken. Daran dann Querbalken, und an diese senkrechte Latten. So arbeitete ich mich Stück für Stück weiter und war sehr erstaunt wie schnell mein Werk voran schritt. Die Bauweise war zwar unkonventionell, aber es funktionierte. Ich arbeitete mich auf diese Weise von Wand zu Wand um das Haus herum. Das machte mir richtig Spaß, denn ich konnte schnell Fortschritte sehen. So arbeitete ich bis spät in die Nacht. Dank meiner geliebten Stirnlampe war das ja kein Problem.

Ich bin heute noch erstaunt, wie schnell das Hühnerhaus fertig geworden ist. Ich habe nur gut eine Woche dazu gebraucht, dann konnte ich anfangen das Dach mit Dachpappe zu decken. In der ganzen Zeit wurde mein Werk argwöhnisch von den Hühnern beäugt. Besonders Gertrud zeigte an meinen Baumaßnahmen großes Interesse. Mehrmals täglich kam sie zur Inspektion vorbei. Sie pickte auf dem Holz rum, testete die Querbalken und gackerte wohlwollend.

Den größten Respekt hatte ich vor dem Dach.

Dachdecken hört sich schon so schwierig an. War es dann aber doch gar nicht, denn auch hier entwickelte ich eine eigene Technik, durch die es sich vermeiden ließ, das Dach zu betreten. Denn zum einen machen mir mit zunehmendem Alter Höhen immer mehr Angst, zum anderen traute ich meiner Konstruktion selber nicht viel Traglast zu.

Also brachte ich auch das Dach schichtweise an. Erst schraubte ich ein paar Latten quer auf das Haus und dann darauf eine Lage Dachpappe. Dann die nächste Lage Latten und wieder Dachpappe drauf. Das klappte erstaunlich gut und ging auch sehr fix. Ok – schön ist anders. Aber das Dach war erstaunlich schnell fertig. An den Seiten wollte ich die überstehende Pappe dann irgendwann noch vernünftig umschlagen. Später halt. Sie hängt heute – Jahre später – noch immer kruckelig über … was soll's ….

Als Letztes baute ich die Tür und hängte diese ein. Stolz betrachtete ich mein Werk. Ich hatte ganz allein ein richtiges Hühnerhaus gebaut. Wirklich ein Grund stolz zu sein. Ok – es ist nicht wirklich an jeder Stelle gerade … aber es steht, macht einen stabilen Eindruck und man kann rein gehen. Meinen Hühnern und mir gefällt es.

Und ich bin heute sehr froh, dass ich diesen Hühnerstall ausreichend groß gebaut habe. Als ich mit dem Bau anfing und darüber im Hühnerforum berichtete, lauteten die ersten Kommentare erfahrener Hühnerhalter: „Bau lieber gleich größer – es bleibt nicht bei sechs Hühnern." Sie haben Recht behalten. Inzwischen bewohnen elf Hennen und zwei Hähne diesen Stall, auch wenn ich das damals nicht vermutet hätte. Hühner machen einfach so viel Freude und es gibt auch so viele wunderschöne Rassen und Mischlinge … da werden es automatisch irgendwie immer mehr.

Und wenn heute im Forum jemand schreibt, dass er für drei bis fünf Hühner einen Stall bauen will, dann bin ich die erste, die ihm antwortet:

„Baue lieber gleich etwas größer."

Vom Bloggen und Leben im Wald

Ich war mächtig stolz auf mich und meinen Hühnerstall. So stolz, dass ich mein heldenhaftes Werk unbedingt mit der Menschheit teilen wollte. Das war der Zeitpunkt, an dem ich meinen Blog unter dieimwaldlebt.de erstellte. Ich wollte schon immer einen eigenen Blog im Internet haben, fand aber nie den richtigen Anlass dafür. Nun hatte ich den Anfang und einen passenden Grund gefunden.

Damals fing ich ganz klein an. Ich wollte den Blog als eine Art Tagebuch für mich erstellen. So wüsste ich später immer noch, wann was wie war. Anfangs beschrieb in einer Dokumentation aus Berichten und Bildern den Bau des Hühnerstalls und stellte Fotos meiner Hühner rein. Es gab nur wenige Seiten, aber schon nach kurzer Zeit besuchten viele Menschen meinen Blog. Das motivierte mich, und so schrieb ich dann immer mehr über meine Tiere und mein Leben hier im Wald.

Später legte ich mir dann auch noch Wachteln zu, weil die einfach so niedlich sind. Dafür brauchte ich eine Wachtelvoliere und dokumentierte auch diesen Bau in meinem Blog. Ich zeigte Fotos vom Bau und den ersten Wachteln beim Einzug. Je mehr ich schrieb, umso mehr Besucher kamen und hinterließen Kommentare oder stellten Fragen.

Inzwischen schreibe ich dort regelmäßig über alles was mich bewegt oder was sich hier im Wald so ereignet. Der Blog wuchs und hat nun bereits über sechshundert Artikel. Und laut meiner Statistik besuchen ihn täglich im Schnitt über zweihundert Surfer. Ich finde das sehr beeindruckend. So interessant finde ich mein Leben dann eigentlich doch nicht. Andere scheinbar schon.

Immer wieder merke ich, dass Menschen von meiner Art zu Leben fasziniert sind. „So würde ich auch gern leben" ist wohl der häufigste Satz, den ich in den letzten Jahren zu hören oder lesen bekommen habe. Und wenn ich dann antworte: „Dann tu es doch!", kommen etliche Gründe dagegen. Manche sind aber auch ehrlicher und sagen: „Oh – ist das schön wie du lebst ..., aber ich könnte das nicht." – Ja – auf den ersten Blick wohne ich wirklich in einem Paradies. Rund um mich rum Natur, überall Tiere und Harmonie. Einfach traumhaft. Wie gesagt – auf den ersten Blick. Wenn man aber mein Leben genauer betrachtet, dann ist es gar nicht mehr so traumhaft. Dann erkennt man, dass ein Leben ohne den normalen Komfort weder bequem, noch romantisch ist. Für ein besseres Verständnis davon, was ich damit meine, schildere ich hier mal einen typischen verschneiten Wintermorgen im Wald:

Gegen acht Uhr stehe ich auf. Das ist für viele andere relativ spät. Aber ich arbeite ja auch zu Hause und muss somit nicht irgendwo hinfahren. Auf dem Weg zur Küche schalte ich als erstes den PC an, der dann so lange an bleibt, bis ich wieder schlafen gehe.

Auf dem Weg zum Bad schalte ich in der Küche die Kaffeepadmaschine ein. Dann gehe ich kurz ins Bad und macht dort das, was man morgens im Bad eben so macht. Auf dem Rückweg ist die Kaffeemaschine aufgeheizt und ich lasse den ersten Kaffee durchlaufen. Weiter zum PC und einloggen.

So – bis hierhin normal und vielleicht in vielen Haushalten so. Jeder andere könnte sich nun wahlweise an den PC zum Arbeiten oder an den Tisch zum Frühstücken setzen. Ich nicht. Bei mir geht es erst einmal so weiter:

Ich gehe nach draußen, schnappe mir den Schneeschieber und grabe mir damit eine Furche zum Hühnerstall. Dann wieder rein und in der Küche den Wasserkocher füllen und Wasser aufheizen. Während das Wasser aufheizt, raspele ich mit der Küchenmaschine Möhren und Zwiebeln für die Hühner, denn im Winter brauchen die Hühner Vitamine und Calcium, wenn sie gesund bleiben sollen. Ich mische das Ganze darum noch mit Quark, Bierhefe, Haferflocken und getrockneten Kräutern. Damit raus in den Hühnerstall.

Dort taue ich mit Hilfe des heißen Wassers das Trinkwasser der Hühner auf. Ich sammle die Näpfe vom Vortag ein, reinige sie und fülle sie mit frischem Wasser. Dann bekommen die Hühner noch ein paar Körner in den Auslauf gestreut und die Gemüse-Flockenmischung in ihre Näpfe verteilt. Nun geht es zu den Wachteln. Auch die wollen trinken. Und so muss auch mehrmals am Tag das Trinkwasser der Wachteln aufgetaut werden.

Also grabe ich mit dem Schneeschieber eine weitere Furche, da die Wachtelvoliere dummerweise nicht neben dem Hühnerstall, sondern in einer ganz anderen Richtung steht. Bei den Wachteln dann: Kontrollieren, ob sie noch Futter haben und eventuell Futterspender auffüllen. Neues heißes Wasser holen und auch hier das Eis in dem Wassernapf damit auftauen. Wenn ich damit fertig bin, dann warten im Haus schon weitere hungrige Tiere auf mich. Als nächstes werden die Katzen im Bad und der Hund in der Küche mit Futter und frischem Wasser versorgt.

Jetzt könnte ich mich endlich hinsetzen? Nein, noch lange nicht, es ist nämlich saukalt im Haus! Ich habe keine Heizung. Ich heize nur mit Kaminofen. Also: Ofen auf, Aschebehälter raus nehmen und nach draußen bringen. Die Asche sammle ich für die Hühner und Wachteln in einem großen Topf, denn die ist perfekt für das Sandbad (Anmerkung: Nur wenn sie aus reiner Holzasche besteht).

Im Winter habe ich zu viel von der Asche, dafür fehlt sie dann im Sommer ... und so stehen immer irgendwo Töpfe mit Holzasche bei mir rum. Über Nacht heize ich mit Rindenbriketts, denn die halten die Wärme sehr lange. Dadurch ist nach dem Freirütteln noch etwas Glut im Ofen. Nun schnappe ich mir meinen Korb und hole darin Holz vom großen Holzhaufen, der natürlich auch woanders steht und eingeschneit ist. Also schiebe ich dann die dritte Furche in den Schnee und mein Grundstück ist damit endlich ausreichend vernetzt. Holz verbrennt sehr schnell. Damit es für den Tag reicht, muss ich mindestens zweimal laufen. Manchmal gönne ich mir den Luxus und heize mit Holzbriketts, die länger warm halten und von mir draußen in der „Dose“ gelagert werden.

Die „Dose“ ist ein billiger Geräteschuppen, den ich bereits vor Jahren mit meinem damaligen Ehemann gekauft und aufgebaut habe. Einer von diesen grauen Blechkästen mit grüner Schiebtür. Auf dem Grundstück steht ein weiterer Schuppen, in dem sich der bereits erwähnte Öltank befindet. Wenn einer von uns etwas suchte und der andere dann antwortete: „Das ist im Schuppen.“, dann wusste der andere nie, welcher Schuppen nun gemeint war. Also nannten wir den Blechhaufen „Dose“ und den anderen eben „Schuppen“. Und in dieser „Dose“ lagere ich nun meine Briketts.

Mit dem rangeschleppten Brennmaterial bringe ich also den Ofen in Gang und endlich wird es ansatzweise warm. Wenn es draußen kälter als minus fünf Grad Celsius ist, dann heize ich auch den zweiten Ofen im Schlafzimmer an. Also darf ich dann auch doppelt so oft wahlweise zum Holzhaufen oder zur „Dose“ gehen.

Das alles zusammen dauert dann gut eine Stunde!

Und nun nehme ich meinen ersten Kaffee und setze mich bei Minusgraden damit auf die Terrasse. Warm genug ist mir von der Lauferei ja inzwischen. Außerdem liebe ich es, morgens den ersten Kaffee draußen zu trinken, egal, wie kalt es ist. Wenn ich dann nach einer Weile wieder rein komme, ist es im Wohn- und Arbeitszimmer inzwischen einigermaßen warm. Das heißt bei mir: mein Arbeitsraum hat schon über sechzehn Grad Celsius. Hund und Katzen legen sich an den Ofen zum Aufwärmen, ich schmeiße einige Holzscheite nach und setze mich an den PC zum Arbeiten. Etwa eine Stunde später ist die Raumtemperatur auf mindestens neunzehn Grad Celsius angestiegen und es wird langsam gemütlich.

Natürlich ist das Heizen mit Holz und Briketts sehr mühselig und nicht so bequem, wie das Aufdrehen einer Heizung. Es hat aber viele andere Vorteile.

Zum einen ist die Strahlungswärme von einem Ofen viel angenehmer. Zum anderen spare ich natürlich enorm Kosten. Holz habe ich genug in Form von Bäumen im Wald stehen und selbst mit den Rindenbriketts ist es immer noch günstiger zu heizen als mit Heizöl oder Gas. Und zusätzlich benutze ich den Ofen im Winter oft auch zum Kochen. Bratkartoffeln auf dem Kaminofen zubereitet schmecken um vieles besser, als die vom Küchenherd. Keine Ahnung, warum das so ist. Liegt wohl an der gleichmäßigen Wärme. Oder an meiner Einbildung.

So sieht ein typischer Wintermorgen also bei mir aus. Nicht jedermanns Sache und alles andere als traumhaft romantisch.

Aber ich will mich nicht beklagen. Ich habe es mir ja selber so ausgesucht. Zum Glück gibt es nicht nur die Wintermonate. Die Frühling- und Sommermonate hier im Wald sind einfach herrlich. Wenn alles grünt und blüht, die Wildvögel zwitschern und ich meine Nahrungsmittel im Garten pflücken kann, dann liebe ich meinen Wald.

Auch der Herbst und Winter hat seine schönen Seiten, denn dann bin ich hier im Wald wirklich ganz alleine. Einige Häuser in der Nachbarschaft werden nur in der Sommerzeit von Rentnern bewohnt. Zum Beispiel gibt es da eine sehr nette ältere Dame, die gern mal bei mir Wachteleier für ihre Enkel holt. Sie ist von März bis Oktober hier und verbringt den Winter in Hamburg. Und ein weiteres Rentner-Paar holt bei mir jede Woche eine Packung Hühner-Eier. Die beiden verschwinden Ende Dezember ins sonnige Thailand und tauchen dann auch erst ab März wieder auf. Die anderen Wochenendler aus Hamburg und Berlin kommen fast nur in der sonnigen Zeit. Das heißt also: im Winter bin hier ich stets die erste und letzte, die durch den frischen Schnee stapft. Das ist wirklich schön. Wenn man denn nicht weg fahren muss. Und ich muss ja nicht weg. Hier wird weder gestreut noch Schnee geschoben und es gab in den letzten Jahren so viel Schnee, dass ich einige Wochen gar nicht weg konnte. Zwar habe ich mir inzwischen einen kleinen Geländewagen zugelegt, aber auch der kommt ab einer gewissen Schneehöhe an seine Grenzen.

Dazu muss ich noch erwähnen, dass mein Grundstück auf einem Berg liegt und die Anfahrt dazu sehr steil ist. Das Hoch ist für den Geländewagen bei viel Schnee weniger schwierig als das Runter. Zumal man unten auch noch direkt auf eine scharfe Kurve stößt. Ich habe immer Angst dann doch mal weiter zu rutschen als mir lieb ist und statt auf der Straße mit meinem Auto im Wald zu landen. Auch wenn mein kleiner Geländehopper durch den Schnee kommt – das hilft meinen Lieferanten herzlich wenig, denn die haben normale Transporter.

Meinen Lebensunterhalt verdiene ich mit dem Online-Buchhandel. Das kann man sich so vorstellen wie ein normaler Buchhändler, nur eben online. Also ohne Ladengeschäft. Ich verkaufe meine Waren im Internet. Meine Kunden bestellen online und ich schicke die Sendungen dann mit der Post am nächsten Tag raus. Die bestellte Ware (meist Bücher, CDs, DVDs und Spiele) wird täglich irgendwann zwischen Mitternacht und Morgen durch den Großhändler bei mir angeliefert und die fertig verpackten Sendungen am Nachmittag durch DHL abgeholt. Das ist ungemein praktisch für mich – im Sommer.

Im Winter bekomme ich ein Problem: Die Lieferwagen kommen bei Schnee nicht den Berg zu mir hoch. Geräumt wird hier bei Schnee durch die Gemeinde nicht. Der letzte Winter war zum Glück sehr mild, aber die beiden Winter davor waren wirklich hart. Es hat fast jeden Tag geschneit, und die Anfahrt zu mir musste ich immer wieder frei schaufeln. Da der Lieferant irgendwann nachts kommt, konnte ich auch nicht abends oder etwa nachmittags räumen. Dann war in wenigen Stunden wieder alles zu geschneit. Also ging ich gegen ein Uhr jede Nacht mit Stirnlampe und Schneeschieber bewaffnet nach draußen und schob die zweihundert Meter am Hang frei. Eine Spur runter, die zweite Spur hoch. Das dauerte dann fast eine Stunde. Wenn es ganz schlimm wurde, dann musste ich anschließend auch noch streuen. Ich hatte mir dafür extra große Säcke besorgt, die ich mit der Schubkarre zum Hang karrte. Dort füllte ich das Streugut in einen Eimer und streute damit die Fahrspur. Wieder eine Spur runter – die andere hoch. Und zwischendurch vier- bis fünfmal den Eimer neu auffüllen. Nein – solche Winter machen hier im Wald wirklich nicht nur Freude.

Trotzdem wohne ich gerne hier. Im Sommer sitze ich gern lange draußen auf der Terrasse und schau einfach nur in den Wald. Komplette Stille umgibt mich. Ab und an knackt es hier und da … sonst nur Ruhe. Dann denke ich oft zurück an die Zeit, als ich hier noch mit meinem damaligen Mann wohnte. Auch damals saß ich oft abends auf derselben Bank – auf derselben Terrasse. Nur mit dem Unterschied, das ich alles furchtbar fand. Mein Leben, die Abgeschiedenheit.

Ich dachte oft: „War es das jetzt? Soll ich hier echt im Wald verrotten? Das ist doch nicht das, was ich mir vom Leben erwartet habe.“ – Ich wollte weg, was erleben. Leben. Und nicht hier im Wald vergammeln, wo mich kaum jemand besuchte. Hier kommt keiner mal eben vorbei, dazu liegt es zu weit ab von allem.

Damals wohnte ich hier zu zweit und fühlte mich einsam. Heute ist es anders. Heute lebe ich hier alleine und genieße die Einsamkeit. Und ich bin froh, wenn keiner vorbei kommt. Seltsam, wie sich meine Einstellung verändert hat.

Bin ich eine Aussteigerin? Wenn ja: wann und wo bin ich eigentlich ausgestiegen? Ich weiß es nicht – es ist wohl einfach so gekommen.

Wo kommen nur all die Tiere her?

Als ich hier damals einzog, da zogen mit mir auch meine Katze Mona und mein Hund Dahli ein. Mona war genau wie ich ein Wohnungswesen und eigentlich gar nicht für die Wildnis geeignet. Mona war eine schneeweiße Angorakatze mit wunderschönen blauen Augen – und leider stocktaub. Diese Eigenschaften machten mir Sorgen. Wie sollte sie sich hier im Wald zurechtfinden? Sie konnte ja nichts hören. Und außerdem war sie durch ihr strahlend weißes Fell schon von weitem im Wald zu sehen. Mona war auch keine junge Katze mehr. Als ich in den Wald zog, da war sie schon knapp zwölf Jahre alt und Zeit ihres Lebens chronisch Nierenkrank. Man könnte behaupten: Mona war so ziemlich das Gegenteil einer Wildkatze.

Es half ja nichts: Sie musste mit.

Natürlich konnte ich sie im Haus einsperren, was ich auch die ersten Monate tat. Dann kam ich mir aber doch blöd vor. Rund herum die schönste Natur – ein Katzenparadies. Und ich traute mich nicht, meine Katze vor die Tür zu lassen. Außerdem trübt es doch im Sommer die Freude an dem schönen Wetter, wenn ich ständig darauf achten muss die Haustür geschlossen zu halten. Das Haus ist sehr klein und die Decke niedrig. Im Sommer nehmen die Temperaturen im Haus schnell tropische Größenordnungen an. Also machte ich die Tür irgendwann einfach auf und lasse sie seitdem jeden Sommer über offen. Tag und Nacht. Anders ist es hier bei Hitze kaum auszuhalten.

Und was soll hier auch schon passieren? Schlimmstenfalls stolpere ich nachts über eine Kröte, die sich in den Flur verirrt hat, was bereits mehrfach vorgekommen ist. Aber wenn man lange so abgelegen und naturnah wohnt wie ich, dann regt man sich über solche Kleinigkeiten nicht mehr auf. Man schubst ganz selbstverständlich besagte Kröte wieder nach draußen und denkt nicht weiter drüber nach. Wenn so etwas allerdings mal vorkommt während ich Besuch habe, dann wundere ich mich immer, wie ein so kleines Tier eine so große Aufregung auslösen kann.

Mona schritt also irgendwann aus der Tür und schaute sich verwundert um. Wie? Da draußen geht die Welt noch weiter? Oh Wunder. Vorsichtig erkundete sie erst das Grundstück und dann rasch den ganzen Wald. Eines Tages war sie dann ab Mittags ganz verschwunden. Ich suchte alles ab, konnte sie aber nirgends finden. Verzweifelt lief ich durch den Wald und rief nach ihr. Ja – mir ist schon klar, dass Rufen bei einer tauben Katze nicht wirklich viel Sinn macht. Aber stumm winkend durch den Wald zu krabbeln, das war mir auch zu doof.

Stunde um Stunde verging – keine Mona in Sicht. Ich machte mir große Sorgen. Ich sah sie schon als Opfer eines Fuchses. Oder irgendwo eingeklemmt. Oder verwirrt herumirren und nach dem Heimweg suchen. Nachdem ich zusammen mit Dahli fast vier Stunden die ganze Gegend rund um mein Gründstück abgesucht hatte, ging ich verzweifelt und zerkratzt heim ... und traf auf der Terrasse auf Mona, die sich erschöpft vom langen Spaziergang ausgiebig in der Sonne putzte. Ich schwankte zwischen Wut und Erleichterung.

Sie schaute mich grimmig an als würde sie sagen: „Wo steckst du eigentlich die ganze Zeit?"

Von da an verschwand sie täglich stundenlang und ich war jedes Mal am Rande eines Nervenzusammenbruchs. Aber sie kam immer wieder. Mal früher, mal später. Natürlich fühlte ich mich gar nicht wohl bei dem Gedanken, dass meine taube, weiße Katze durch den für sie fremden Wald streifte. Aber ich konnte ja nichts dagegen tun. Einsperren war für mich keine Alternative mehr. Sie hat hier noch drei glückliche Jahre die Freiheit erlebt, bis dann eines Tages, mit fünfzehn Jahren, die Nierenkrankheit ihr Leben beendet hat. Ich denke noch häufig an sie zurück, denn sie war schon etwas sehr Besonderes.

Caroline aus dem Wald

Eines Tages, da lebte Mona noch, kam meine Nachbarin Petra zu mir und erzählte, dass sie beim Joggen an vier frisch geborenen Kätzchen vorbei gekommen sei. Diese würden einfach am Wegesrand liegen und verzweifelt nach ihrer Mutter schreien. Ich fragte sie, wie lange das denn her sei.

Sie meinte: „So etwa eine Stunde …"

Na, die hat echt Nerven! Also bat ich sie, mir sofort die Stelle zu zeigen. Wir fuhren hin und dort lagen vier neugeborene Katzenbabys, die inzwischen völlig unterkühlt und schwach waren. Sofort nahm ich die kleinen Bündel hoch und versuchte sie auf dem Weg nach Hause mit meinem Körper zu wärmen. Alle vier waren winzig, kraftlos und hatten sogar noch die Nabelschnur dran. Keine Ahnung, wie die dort in den Wald kamen. Meine Vermutung war, dass eine zu junge Katzenmutter mit diesem Nachwuchs einfach überfordert und deswegen gegangen war.

Ich besorgte in Windeseile eine Wärmelampe, Katzenaufzuchtsmilch und ein Fläschchen zum Füttern. Und natürlich die Informationen im Internet, wie man so was eigentlich macht. Alle zwei Stunden mussten sie gefüttert und anschließend der kleine Bauch massiert werden. Schnell merkte ich: Das war alleine gar nicht zu schaffen. Für jedes Kätzchen brauchte ich etwa zehn bis fünfzehn Minuten. Das mal vier alle zwei Stunden … und wann sollte ich schlafen?

Also wandte ich mich ans Tierheim und bat um Hilfe. Zwei der Kleinen wollte ich versuchen alleine aufziehen und die beiden anderen übergab ich schweren Herzens dem Tierheim. Nun hatte ich nur noch zwei Katzenbabys zu versorgen und das war immer noch reichlich Arbeit. Das eine Kätzchen war fast ganz grau, das andere grau-weiß. Beide sahen für mich nach Kater aus und so nannte ich sie Carlos und Luka. Am dritten Tag meiner Pflege bekam Luka Durchfall und wurde ganz schlapp. Sofort fragte ich Ulf um Rat, denn mein Ex ist von Beruf Tierarzt.

Er meinte: „Da kannst du nicht viel machen und nur hoffen, dass er es von selber schafft. Wenn von den vier Welpen zwei durchkommen, dann ist das schon ein großes Glück."

Katzenbabys bekommen in den ersten vierundzwanzig Stunden von ihrer Mutter eine besondere Art von Muttermilch. Diese brauchen sie, um Abwehrkräfte gegen alles Mögliche zu bilden. Meinen beiden blieb diese Milch versagt, da ihre Mutter sie im Stich gelassen hatte. Und so waren sie eben anfälliger als normale Kätzchen. Den ganzen Tag trug ich den kleinen Luka mit mir rum, flößte ihm immer wieder Milch ein. Doch er wurde trotzdem zunehmend schwächer und schließlich hörte sein kleines Herz auf zu Schlagen. Ich fühlte mich so hilflos. Traurig saß ich da mit dem toten kleinen Wesen auf meiner Hand und weinte über die Ungerechtigkeit dieser Welt. Luka bekam ein schönes Grab in meinem Wald und ich trauere ihm heute noch manchmal nach. Auch im Tierheim ist eines der anderen beiden gestorben. Das hat mich zwar traurig gemacht, aber auch mein Gewissen ein wenig beruhigt. Wenn in so kompetenten Händen unter ärztlicher Aufsicht nur eines von zwei Katzenbabys durchkommt, dann brauche ich mich nicht zu schämen, dass auch bei mir nur eines überlebt hat. Mir wurde auch seitens des Tierheims damals schon gesagt, dass es ein Wunder sei, wenn überhaupt eines der Babys durchkommt.

Fortan hatte ich also nur noch ein Katzenbaby zu versorgen. Und das alle zwei Stunden. Ich richtete mir meinen Schlafplatz im Wohnzimmer auf dem Sofa ein und wohnte nun dort die nächsten Wochen. Das Bett musste ich in dieser Zeit unbedingt meiden! Schon der Gedanke daran ließ meine Augen vor Müdigkeit zufallen. Am schlimmsten war es in der Nacht – wenn dann, kaum war ich mal für einen Moment eingeschlafen, unbarmherzig der Wecker klingelte. Schlaftrunken schnappte ich mir die Nuckelflasche und stolperte in die Küche. Pulver mit warmen Wasser mischen, schütteln, zurückstolpern und Kätzchen füttern. Dann musste der Bauch massiert werden, bis das kleine Wesen sich endlich entleerte. Nachts erschien mir das Procedere endlos lange.

Aber diese Momente waren auch schön. So ein winziges kleines Wesen in der Hand zu halten ... da geht einem wirklich das Herz auf. Und als die kleine Püppi dann zum ersten Mal ihre Augen öffnete – diesen Moment werde ich wohl nie vergessen. Nach einiger Zeit entdeckte ich: Der Carlos war eine Caroline. Und die kleine Caro machte sich prächtig. Sie wuchs schnell und hatte allerlei Schabernack im Kopf. Bald brauchte sie nur noch alle drei Stunden ihre Flasche ... dann alle vier Stunden ... und irgendwann traute ich mich sogar wieder in mein Bett.

Ich bin noch heute stolz auf mich, dass ich es wirklich geschafft habe diese Zeit durchzustehen. Und es hat sich gelohnt. Aus Caro ist eine wunderschöne, liebe Katze geworden, die mir immer wieder viel Freude bereitet. Die anstrengende und schlaflose Zeit ist schon lange vergessen.

Und dann kam Lucky

Ich muss gestehen: So ganz alleine war ich bei der Aufzucht von Caro doch nicht. Ich hatte einen Helfer, meinen Hund Lucky. Lucky war ein riesiger schwarzer Hund. Eine Mischung aus Altdeutschem Schäferhund und Neufundländer. Beeindruckend groß, aber lammfromm. Er war einfach bei mir gelandet, wie eigentlich fast alle meine Tiere. Und das kam so:

Ulf, mein bereits erwähnte Ex-Freund, kümmerte sich um eine kranke, alte Dame. Frau Schulze war zwar schon alt, aber dafür noch fit in Körper und Geist. Ihr Mann war vor kurzer Zeit gestorben und sie lebte seitdem mit Dackel Paul alleine in einem großen Haus. Dackel Paul war ebenfalls schon sehr sehr alt und eines Tages verließ auch er sie. Alleine in diesem großen Haus ... bei dem Gedanken fühlte sich Frau Schulze gar nicht wohl. Sie wollte unbedingt wieder einen Hund haben.

Ulf ist ein gutmütiger Mensch und so machte er sich auf und suchte nach einem vierbeinigen Rentner, der zu Frau Schulze passte. Es hat Wochen gedauert, bis er endlich den richtigen Hund fand. Verständlicherweise hatten die meisten Tierheime ein Problem damit einer fünfundachtzig Jahre alten Frau einen

Hund zu vermitteln. Ulf versprach sich um den Hund zu kümmern, sollte Frau Schulze einmal nicht mehr dazu in der Lage sein und suchte deswegen einen Hund aus, mit dem er sich ein Zusammenleben vorstellen konnte. Lucky zog bei Frau Schulze ein und die beiden kamen prima miteinander aus. Anfangs klappte alles prima, doch mit der Zeit wurde Frau Schulze tüddelich. Sie vergaß ständig, ob sie ihren Hund schon gefüttert hatte oder nicht. Und so stopfte sie vorsichtshalber, und weil der ja immer so traurig guckte, den ganzen Tag irgendwelche Leckerli in ihn rein. Lucky wurde immer fetter.

Dann kam es wie es kommen musste: Frau Schulzes Zustand verschlechterte sich so, dass sie in die Klinik musste. Ulf wollte sich ja im Notfall um Lucky kümmern – hatte er gesagt. Aber irgendwie passte das gerade ganz schlecht … keine Zeit … und überhaupt! Bei mir wäre der doch viel besser aufgehoben. War ja klar, dass er bei mir landete. Ulf fragte mich also, ob ich ihn für zwei Wochen nehmen kann. Klar. Wie immer sagte ich erst einmal zu und fing dann an darüber nachzudenken.

Ich wusste nur, dass Lucky ein großer schwarzer Hund ist, der aber lieb sei. Mehr nicht. Ich hatte damals zwei Katzen und einen Hund und lauter Hühner … und nun kam ein großer, fremder Hund dazu. Das kann ja lustig werden. Dreißig Minuten später stand ein riesiges schwarzes Schaf in meinem Wohnzimmer und schaute mich lieb an. Ich wusste, dass unter dieser großen schwarzen Kugel irgendwo ein Hund sein sollte … doch wo nur? Dass der überhaupt noch stehen konnte, das wunderte mich wirklich. Lucky sah eher aus wie ein Nilpferd mit Fell. Oder ein Büffel, dem an allen Seiten sein altes Fell in Fetzen runter hing. Ich sah neulich mal eine Dokumentation über Moschusochsen, so in etwa muss man sich Lucky damals vorstellen. Er machte seinem Namen wirklich keine Ehre, denn er schaute nicht besonders glücklich aus.

Nun, nachdem das Monster nun mal in meinem Wohnzimmer stand, fing auch ich endlich mal an nachzudenken. Mag der überhaupt Katzen? Killt der vielleicht meine Hühner, sobald er vor die Tür kommt? Hört der überhaupt? Und wenn – auch auf mich? Wieso denke ich eigentlich nie über so was nach BEVOR ich ein Tier ins Haus lasse???

Jetzt war er aber da und Ulf hatte sich schlauerweise hastig wieder verabschiedet mit den Worten: „Das ist Lucky – der ist ganz lieb – ich muss wieder los."

Es stellte sich heraus: Meine Sorgen waren völlig unberechtigt. Meine Dahli (Kleiner Münsterländermix) fand ihn zehn Sekunden interessant – dann egal. Mona beachtete ihn gar nicht in der Hoffnung: „Dann geht das Ding vielleicht von selbst wieder weg"

Mona fand eh grundsätzlich alle anderen Tiere doof und unter ihrer Würde und lebte nach dem Motto: „Was ich nicht beachte, das existiert nicht."

Selbst für Caro zeigte sie nicht das geringste Interesse, freute sich aber über die Zeit, in der sie das Bett für sich alleine hatte, da ich ja auf dem Sofa wohnte. Nur eines meiner Tiere war von Lucky schlichtweg begeistert: Katzenbaby Caro! Als Lucky hier einzog, da hatte Caro gerade die Augen geöffnet und konnte erst unbeholfen krabbeln. Es war Liebe auf den ersten Blick – und das von beiden Seiten. Der große Lucky sah dieses winzige Knäuel und ich könnte schwören, dass er dabei lächelte. Caro stolperte mit großen Kulleraugen auf dieses riesige Tier zu und schnurrte ihn unverblümt an. Sofort fuhr Lucky mit seiner überdimensionalen Zunge über das kleine tapsige Wesen. Die beiden waren vom ersten Tag an die dicksten Freunde und sind es bis zum Ende geblieben. Dazu gibt es bei Youtube auch ein niedliches Video: Lucky & Caro (Youtube-ID: O55YHo_T9vA)

Ich brauchte Stunden, aber nachdem ich Lucky endlos mit Bürsten unterschiedlichster Art bearbeitet hatte, da kam doch tatsächlich ein ganz ansehnlicher Hund zum Vorschein. Und nachdem er bei mir erst einmal durch strikte Diät etwa fünfzehn Kilo abgenommen hatte, da wurde er zu einer wahren Schönheit.

Als ich ihn bekam, da sah er aus, als hätte er mehrere Medizinbälle verschluckt. Und nach ein paar Wochen wurde er plötzlich zu einem großen, schlanken und sehr beeindruckenden Hund mit glänzendem, tiefschwarzem Fell. Und fortan brauchte ich mir über unliebsame Besucher keine Gedanken mehr zu machen. Ab sofort betraten Fremde, und auch einige Bekannte, nur noch sehr ungern mein Grundstück. Es war schon schwierig genug überhaupt an meinem Grundstück vorbei zu fahren, denn Lucky machte es Spaß, sich mit seinem „du kommst hier nicht durch"-Blick mitten auf den Weg zu stellen und dort auch stocksteif stehen zu bleiben. Und bei einem schwarzen Hund, dessen Schulterhöhe bis zu meinem Bauchnabel ging … da steigt auch keiner freiwillig aus dem Auto aus.

Zum Glück nahmen es die meisten Nachbarn mit Humor und lachten freundlich, während ich das riesige Ungetüm von der Straße zerrte. Ich war sehr froh, dass dieser Hund mir friedlich gesonnen war. Eigentlich mochte er Menschen nämlich nicht, fremde schon gar nicht. Und ich hatte doch so manches Mal Angst, dass etwas passiert. Darum war mein erster Spruch bei einer Begegnung mit anderen immer: „Der tut nix – aber nicht anfassen!"

Nun ja: Die meisten Menschen vermeiden es eh fremde, schwarze Hunde anzufassen. Aber es gibt ja immer wieder einige Unbelehrbare, die meinen, sie müssten jeden Hund streicheln, der ihnen über den Weg läuft. Und das war das einzige, was Lucky so gar nicht leiden konnte. ER suchte aus, wen er leiden konnte und wen nicht. Die meisten eben nicht. Er schaute sich die Menschen eine Zeit an und beschloss dann: Den finde ich gut oder den finde ich doof. Die meisten fanden keine Gnade unter seinen Augen und blieben für immer doof – egal wie viele Versuche der Annäherung sie machten mit säuselnder Stimme und Leckerli in der Hand. Und wenn diese dann doch versuchten ihn zu streicheln … tja, dann konnte er auch mal sehr ungemütlich werden. Netterweise knurrte er stets einmal tief vor dem Zubeißen. So hatten die Menschen eine Chance ihr Handeln noch einmal zu überdenken. Doch wen er dann mal in sein Herz geschlossen hatte, den überschüttet er mit seiner Liebe, legte diesem lammfromm seinen Kopf in den Schoß und ließ sich gern stundenlang kraulen. Alle anderen machten besser einen Bogen um ihn.

Ach ja – da war ja noch was: Lucky sollte ja nur zwei Wochen bei mir bleiben. Eigentlich. Aber Frau Schulze bekam im Krankenhaus wunde Stellen vom vielen Rumliegen. Und so wurden aus zwei Wochen mal eben zwei Monate. Dann kam sie zwar wieder aus dem Krankenhaus, war aber nicht in der Lage sich um den Hund zu kümmern. Also blieb Lucky „erstmal" weiterhin bei mir. Dann, etwa sechs Monate später, verstarb Frau Schulze und ich hatte plötzlich dauerhaft zwei Hunde: Lucky und Dahli. Lucky lebte drei glückliche Jahre bei mir. Dann wurde er schwer krank und nach einem langen Leidensweg für uns beide musste ich mich schweren Herzens von ihm verabschieden. Lucky war ein toller Hund. Ich bin dankbar, dass ich ihn kennen und lieben lernen durfte. Sein Tod schmerzt mich noch immer und ich denke oft an ihn zurück. Mehr kann und will ich darüber nicht schreiben, denn die Gedanken an ihn schmerzen immer noch zu sehr.

Gedanken an Dahli

Meine Dahli hatte ich schon als Welpen bekommen und sie war mittlerweile mit ihren elf Jahren auch recht betagt. Und nun hatte ich mit Lucky einen weiteren alten Hund, auch er war bereits zwölf Jahre alt. Mit Dahli war ich früher im Rettungshundeverein. Dieser Sport hat uns beiden sehr viel Spaß gemacht und uns zusammengeschweißt. Aber das Training ging seit einer Weile nun auch nicht mehr, weil sie dafür inzwischen einfach zu alt war. Sie war zwar noch relativ fit, aber springen, laufen, jagen, dafür war sie zu schwach.

Meine Hündin Dahli war Zeit ihres Lebens immer da, wo ich auch war. Sie war eine Klette. Kaum stand ich auf, um in der Küche einen Kaffee zu holen, da lief sie mir auch schon hinterher. Drehte ich mich mit der Tasse in der Hand um, so fiel ich fast über den Hund. Ich konnte sie keine Minute alleine zu Hause lassen. Sofort fing sie herzzerreißend an zu jaulen und zerstörte mutwillig alles, was ihr vor die Pfoten oder Schnauze kam. Natürlich weiß ich, dass ich daran selber Schuld bin. Schließlich habe ich sie ja so besch... erzogen. Aber als ich Dahli bekam, da hatte ich von Hundeerziehung null Ahnung. Bis dahin hatte ich immer nur Katzen gehabt und bei denen schon jegliche Erziehungsversuche aufgegeben. Und so wurde Dahli von mir genauso frei gehalten wie die Katzen – eben „antiautoritär“. Das rächte sich später gewaltig, denn dieser Hund hat mich sein Leben lang nie ernst genommen. Heute weiß ich: Sie lief mir nicht hinterher, weil sie mich so lieb hatte. Sie wollte mich einfach nur kontrollieren, da sie mich für eine Idiotin hielt. Schwach und unfähig ein Rudel zu leiten. Wenn ich alleine mit dem Auto wegfahren wollte, dann wurde sie verrückt vor Sorge, weil ich ihrer Meinung nach alleine kaum klar kam.

Arme Dahli. Inzwischen habe ich so viel über Hunde und deren Verhalten gelernt, dass ich mich heute schäme, wenn ich an Dahli und meine damalige Erziehungsversuche denke. Trotzdem war sie ein toller Hund. Es ist doch immer wieder erstaunlich, wie viele Fehler Menschen bei der Hundeerziehung machen können, ohne dass das Tier zur reißenden Bestie wird. Ich habe Hochachtung vor der Spezies Hund, die so nachsichtig mit uns Menschen ist.

Eines Tages meinte meine Schwester Paula: „Dahli ist aber ganz schön dick geworden.“ – Und sie hatte Recht. Komisch dachte ich. So viel frisst sie doch gar nicht. Man selbst sieht es nicht sofort, wenn mit dem Tier was nicht stimmt. Es passiert ja nicht von heute auf morgen, sondern schleichend. Aber Paula sah Dahli ja nicht so oft und ihr fiel es sofort auf. Und ich bin sehr froh darüber. Ich tastete Dahlis Bauch ab. Er fühlte sich irgendwie viel zu fest an. Besser einen Tierarzt aufsuchen. Ich fuhr mit Dahli in die Lüneburger Tierklinik.

Dort kam der Schock: Dahli hatte einen Milztumor! Und zwar einen riesigen! So groß, dass er den ganzen Bauchraum ausfüllte! Wie und wann war das passiert? Ich weiß es nicht. Auf einmal war der da und bedrohte meine Dahli. Es tröstete mich ein wenig, als mein Tierarzt sagte: „Die wachsen so schnell, es ist nicht deine Schuld, dass du den nicht eher bemerkt hast. Und Hunde lassen sich ja auch nichts anmerken.“

Damit hatte er Recht. Dahli hat sich völlig normal verhalten. Und nun war es ungewiss, ob sie an dem Ding oder einer Operation sterben würde oder nicht. Die Vorstellung Dahli zu verlieren … das ging gar nicht. Sie war damals zwölf Jahre alt. Zwölf lange Jahre habe ich sie fast jede Minute des Tages um mich gehabt. Ich wusste schon gar nicht mehr, wie das ohne Dahli an den Hacken ist.

Mein Tierarzt sagte: „Wir müssen ganz schnell was tun. Wenn der Tumor platzt, dann ist es zu spät.“

Er untersuchte ihr Blut und ihren Kreislauf und kam zu dem Schluss: Sie ist fitt genug. Sie kann es überleben und riet mir zur Operation.

Er sagte: „Wenn ich nicht glauben würde, dass sie es schaffen kann, dann würde ich dir von der OP abraten.“

Ich vertraute ihm. Schließlich kenne ich die Ärzte in der Tierklinik schon seit meiner ersten Katze Mona – also seit über fünfzehn Jahren. Und wenn er sagte, dass sie es schaffen kann – dann konnte sie das. Also stimmte ich der OP zu. Dahli blieb in der Klinik und ich fuhr alleine nach Hause. Das erste Mal seit zwölf Jahren ohne Dahli.

Zu Hause warteten auf mich Hund, Katzen und Hühner – ich war nicht allein. Und trotzdem: ohne Dahli war da ein Loch, das ich fast körperlich spüren konnte.

Am nächsten Morgen dachte ich im Stillen an

meinen Hund, der jetzt wahrscheinlich gerade auf dem OP-Tisch lag … und wartete auf den Anruf der Klinik. Den ganzen Tag stand ich neben mir, war unfähig an etwas anderes zu denken als an meine Dahli. Die Sorge um sie brachte mich fast um. Endlich, am frühen Nachmittag, klingelte es. Zitternd nahm ich den Hörer ab. Mein Tierarzt war dran.

Seine ersten Worte: „Sie hat es gut überstanden. Der Tumor ist komplett raus und sie liegt nun im Aufwachraum." – Ein riesiger Fels fiel mir vom Herzen! Er wollte sie noch zur Beobachtung einen Tag dort behalten. Also holte ich sie erst am darauf folgenden Nachmittag wieder ab.

Ich war völlig erstaunt, wie gut sie die OP wegsteckte. Schon wenige Tage nach der schweren Operation lief sie wieder munter rum als wäre nix gewesen. Und knapp drei Kilogramm leichter – so schwer war der Tumor! Schon nach ein paar Wochen war sie wieder ganz die Alte.

Einige Jahre später veränderte sie sich erneut. Sie war schlapp und lustlos. Diesmal merkte ich es sofort. Seit der Sache mit dem Tumor war ich wachsamer geworden. Wieder machte ich mich auf zum Tierarzt. Diesmal war es kein Tumor. Es waren die Nieren. Die Blutwerte waren schlecht und es gab keine große Hoffnung mehr auf Besserung. Sie war inzwischen knapp fünfzehn Jahre alt. Ich bekam Medikamente für sie, aber mein Tierarzt machte mir nicht viel Hoffnung. Er meinte, ihre Blutwerte wären sehr schlecht und in dem Alter wären die Chancen auf Genesung sehr gering. Trotzdem wollte ich sie nicht so schnell aufgeben. Ich verabreichte ihr die Medikamente und beobachtete sie genau.

Es wurde nicht besser. Es wurde schlimmer. Sie

fing an Futter zu verweigern. Dahli war immer ein verfressener Hund. Sie fraß alles, was ihr vor die Schnauze kam und ich hatte ihr Leben lang meine liebe Müh damit, sie nicht fett werden zu lassen. Nun auf einmal war das vorbei. Egal was ich ihr auch anbot – sie drehte traurig den Kopf weg. Ich kaufte Putenfleisch, Leberwurst, Käse und andere Leckereien. Immer nahm sie das neue einmal an und ich dachte: „Prima – das frisst sie.“

Aber bereits beim zweiten Mal drehte sie wieder den Kopf weg. Ich kochte Hähnchenbrust, Fisch und was mir sonst noch so einfiel. Versuchte es mit Pansen roh, gekocht, getrocknet … langsam gingen mir die Ideen aus und Dahli wurde immer dünner. Irgendwann wurde sie wackelig auf den Beinen und ich zog die Reißleine. So konnte es nicht weitergehen. Ich wollte nicht, dass sie elendig lange leidet. Das hatte sie nicht verdient. Und ich spürt: Dahli wollte auch nicht mehr. Wenn man sich ein Tier anschafft, dann übernimmt man die Verantwortung für dieses Wesen. Das heißt auch, dass man irgendwann eine Entscheidung zu Gunsten des Tieres treffen muss. Und sei sie noch so hart.

Nach drei Tagen Heulen war ich dann so weit. Ich fragte Ulf, ob er bereit wäre Dahli hier bei mir zu erlösen. Ich fuhr ein letztes Mal mit ihr in die Klinik und ließ sie erneut untersuchen. Ich sagte meinem Tierarzt, dass ich sie erlösen möchte und bat ihn noch einmal um seine ehrliche Meinung. Er stimmte mir zu. "Wird Zeit," sagte er. "Du tust ihr keinen Gefallen, wenn du es weiter raus schiebst."

Nun hatte ich es auch von einem Facharzt noch einmal bestätigt bekommen: Es war richtig sie zu erlösen. Das half mir stark zu sein. Ansonsten hätte ich mich später vielleicht immer gefragt: „War es zu früh? Hätte ich doch noch was tun können?"

Nein – ich konnte nichts mehr für Dahli tun. Ich konnte ihr nur noch helfen sanft und schmerzlos ins Licht zu gehen. Mehr nicht. Und weniger auch nicht.

Am nächsten Tag kam Ulf und half ihr rüber in die andere Welt. Sie lag dabei auf meinem Schoß in ihrem Hundenest. Es war ein ruhiger und friedlicher Tod ohne jede Tragik. Sie schlief einfach sanft ein und wachte nie wieder auf. Und sie fehlt mir noch heute manchmal, wenn ich von einem Raum in den anderen gehe und niemand folgt mir …. Dahli war mehr für mich als nur ein Hund. Sie war meine Freundin. Sie zu verlieren war schrecklich. Zu schrecklich, um weiter darüber zu schreiben. Darum lasse ich es an dieser Stelle.

Zwei oder drei Hunde – nun auch schon egal

Auch wenn Dahli damals die erste OP gut überstanden hatte, so wusste ich doch: Es wird nicht mehr lange dauern und sie wird mich endgültig verlassen. Auch Lucky war mit seinen zwölf Jahren für so einen großen Hund schon mehr als alt. Ich liebte meine beiden Hunde – ehrlich. Aber der stille Wunsch nach einem jungen, agilen Hund wuchs trotzdem langsam aber stetig weiter. Entgegen aller Logik. Schon jetzt war mein Haus im Winter viel zu voll. Caro war zu einer erwachsenen Katze herangereift und zwei große Katzen plus zwei noch größere Hunde in einem Haus mit fünfzig Quadratmeter, das war jetzt schon mehr als grenzwertig. Im Sommer ging es noch. Zumindest Lucky und die Katzen verbrachten die meiste Zeit draußen. Lucky auch nachts. Er schlief dann am liebsten unter einem großen Busch, wo er sich bereits eine passende Mulde gegraben hatte. Es wundert mich bis heute, dass der Rhododendron das überlebt hat.

Im Winter allerdings sah es schon anders aus. Da konnte ich im Haus kaum einen Schritt machen, ohne über irgendein Tier zu stolpern. Nachts lagen die

Katzen auf und Dahli vor meinem Bett. Und Lucky am liebsten direkt davor oder im Eingang zum Schlafzimmer. In der Nacht mal eben schnell auf Toilette rennen war gefahrlos nicht möglich. Da mir klar war, dass mich Lucky und Dahli in nicht allzu ferner Zeit verlassen würden, wollte ich mir schon vorher Gedanken über einen neuen Hund machen. Damit dieser dann nicht als „Ersatzhund“ zu mir kommt, wenn die beiden anderen verstorben sind. Und ganz egoistisch: Sollte es mit Lucky und Dahli einmal vorbei sein, wollte ich nicht alleine zurück bleiben.

Mein heimlicher Traum war schon immer ein Toypudel. Die sind einfach klasse: Schlau, praktisch, klein und sie haaren nicht. Außerdem hatten meine Geschwister und ich als wir klein waren einen Pudel und so was prägt. Zwei große Hunde sind eigentlich mehr, als ich jemals haben wollte. Trotzdem, der Gedanke an einen Toypudel ließ mich entgegen jeglicher Vernunft nicht mehr los. Vorsichtig fing ich immer mal wieder an, im Internet nach einem herrenlosen Pudel zu recherchieren. Aber alle Notfälle – und danach suchte ich aus lauter Gewohnheit derzeit nur – waren alte Tiere. Davon hatte ich schon zwei zu Hause. Nun war ich egoistisch. Ich suchte einen jungen Hund, der mich noch lange begleiten würde, wenn mich meine beiden vierbeinigen Rentner verlassen haben.

Keinesfalls wollte ich mit der Erfüllung meines Wunsches nach einem Pudel auf den Tod der beiden warten. Das klingt grausam – ist es auch. Aber drei Hunde, das ist nun wirklich bescheuert. Schon zwei Hunde sind verdammt anstrengend, will man allen gerecht werden. Und nun noch einen dazu? Ich musste ja bekloppt sein.

Eines Tages stolperte ich über eine Anzeige im Web: „*Toypudel – 4 Monate – umständehalber günstig abzugeben.*“

Mmmmh – was das wohl für Umstände sein mochten? Anrufen schadet ja nix. Bei dem Anbieter handelte es sich um einen Pudelzüchter, oh Wunder. Dieser hatte von einer anderen Züchterin Toypudel gekauft, um sie mit seinen Hunden „zu mischen“. Nun hätte er aber doch zu viele und wollte deswegen einige davon verkaufen. Ich träumte von einem schwarzen Toypudel und so einen hatte er für schlappe vierhundertfünfzig Euro abzugeben.

Auf Grund meiner langen Recherche wusste ich, dass so ein Toypudel mal locker über siebenhundert Euro kosten kann. Deswegen hatte ich ja auch noch keinen. Ich wurde sofort misstrauisch und wollte die Hunde und den Züchter unbedingt besichtigen. Vor meinem geistigen Auge sah ich dunkle verfallene Ställe, in denen abgemagerte Hündinnen für die Welpenproduktion missbraucht wurden und ging in Gedanken schon mal die Anlaufstellen für eine etwaige Anzeige der Missstände durch: Presse, Polizei, Tierschutzverein, Veterinäramt, …

Also ab ins Auto zur Besichtigung. Keine drei Stunden Fahrt und schon stand ich vor der telefonisch angegebenen Adresse. Das Haus lag in einer Siedlung und sah eigentlich ganz normal aus. Ich wurde herein gebeten und der Mann führte mich in die Küche. Dort wuselten etwa zehn Toypudel unterschiedlichen Alters umeinander und ich bekam leuchtende Augen. Auch die erwachsenen Pudel machten einen gesunden und freundlichen Eindruck. Nix Stall. Nix abgemergelt. Lauter fröhliche kleine Pudel, die sich frei in Haus und Garten bewegten. Darunter auch der kleine schwarze, der so günstig zu haben war. Er zeigte mir den Pudel und dieser war auch wirklich entzückend. Sprang kreuz und quer durch die Küche und spielte mit den anderen Jagen. Ich setzte mich auf den Boden und sah dem lustigen Treiben zu. Da hätte ich es Stunden ausgehalten. Immer wieder kam der ein oder andere zu mir, schnüffelte neugierig an mir rum, und flitzte dann wieder durch die Küche. Während ich da saß und fasziniert das spielende Rudel beobachtete, da schlich sich leise und vorsichtig ein kleines scheckiges Etwas auf meinen Schoß, rollte sich zusammen und schien dort einschlafen zu wollen.

Nanu? Wer bist du denn? Ich fragte den Züchter, was denn mit diesem Hund wäre. Er meinte, der wäre eine Fehlfarbe und zur Zucht nicht geeignet. Züchter haben oft sehr seltsame Vorstellung von einem perfekten Hund. Ich sagte ihm, dass ich auch gar nicht vorhätte zu züchten. Und er: „Wenn se wollen, dann können sie den auch für das gleiche Geld haben. Aber ich sage ihnen gleich, dass sie mit dem nicht züchten können!"

Herrgott noch mal – „ICH WILL NICHT ZÜCHTEN." – Den Nachsatz „weil ich Züchter scheiße finde" habe ich mir mal verkniffen. Schließlich verträgt sich so eine Meinung auch nicht wirklich mit meinem Wunsch nach einem reinrassigen Toypudel. Und rausfliegen wollte ich auch nicht. Jedenfalls nicht ohne dieses kleine Knäuel da auf meinem Schoß. Schnell wurden wir uns einig und ich um vierhundertfünfzig Euro ärmer. Und „Miss Moneypenny vom Dorumer Thal" ging per Urkunde in meinen Besitz über.

Welch bescheuerter Name. Schon auf dem Weg

zum Auto wurde sie von mir zur Sabine degradiert.

Aus dem berühmten „nur mal gucken“ war also mal wieder „ich habe ein neues Tier“ geworden. Mist. Ich sollte mir keine Tiere mehr anschauen … ich Weichei. Trotzdem, meine kleine Fehlfarbe war zuckersüß und wischte alle Gedanken an Vernunft fort. Biene, wie mein kleiner Toypudel heute von mir gerufen wird, ist vom Grundfell schwarz und hat an den Pfoten graue „Söckchen“. Auch im Gesicht hat sie stellenweise graue Haare, so dass sie wie ein kleiner Gnom aussieht. Und diese grauen Haare sind eben so ungleichmäßig verteilt, dass sie deswegen zur Ausschussware wurde. Die spinnen doch die Züchter. Individualität ist nicht gewünscht und wird aussortiert. Dabei mag ich gerade das an meiner Biene. Sie sieht eben nicht aus wie jeder andere Toypudel. Und das macht sie zu etwas Besonderem.

Auf dem Heimweg fing ich an mir Gedanken darüber zu machen, wie ich das neue Tier in das bestehende Rudel integriere. Wie immer hinterher. Ich lerne es wohl nie: Erst denken, dann handeln. Während ich also grübelte, wie ich das daheim mit den anderen Rudelmitgliedern und dem Neuzugang manage, fing Biene furchtbar an zu weinen. Dann zu heulen, zu zittern und zu quieken. Es war nicht auszuhalten. Es nahm solche Ausmaße an, dass ich mit schlechtem Gewissen auf einen Rastplatz fuhr. Für die Fahrt hatte ich vorsorglich einen Katzenkorb mitgenommen, in dem nun Bienchen saß. Wieso ich einen Katzenkorb mitnehme und vierhundertfünfzig Euro Bargeld, wo ich doch nur mal gucken will … na ja, reden wir nicht weiter drüber. Muss mein Unterbewusstsein gewesen sein.

Auf dem Rastplatz band ich sie an die neu Baby-

Hundeleine, die auch irgendwie durch Zauberhand in meinem Auto gewandert war, und wir gingen eine Runde spazieren. Durch den Stress war sie klatschnass geschwitzt und zitterte am ganzen Leibe. Armer kleiner Pudel. Ich fühlte mich mies und wie ein Verbrecher, weil ich dieses kleine Wesen so unbarmherzig aus seiner Familie gerissen hatte. Ich nahm sie auf den Arm und redete sanft auf sie ein. Und sofort wurde sie ruhig. Auf dem Rastplatz im Nirgendwo konnten wir schlecht bleiben. Es half alles nichts, der Rest des Weges musste auch noch zurückgelegt werden. Wieder im Auto legte ich sie nicht in den Korb, sondern ließ sie sich auf meinem Schoß einrollen. Und nun schien ihr die Fahrt und meine Anwesenheit nichts mehr auszumachen. Sie schlief erschöpft ein und schnarchte leise vor sich hin. Geht doch.

Zuhause angekommen präsentierte ich den anderen gleich ihre neue Mitbewohnerin. Biene ist ein reinrassiger Toypudel. Diese sind ausgewachsen mit einer Schulterhöhe von bis zu achtundzwanzig Zentimeter kleiner als so mancher Hundewelpe mit wenigen Wochen. Junge Toypudel sind also extrem klein.

Dahli schaute verblüfft dieses kleine Ding an, als wolle sie sagen: „Was soll denn daraus mal werden? Oder ist das schon fertig?“

Monas Reaktion war wie immer: „Einfach ignorieren, dann ist es auch nicht da.“

Und Lucky? Der war selbst noch relativ neu in unserem Rudel und so etwas macht solidarisch. Vielleicht mochte er aber auch einfach kleine Tiere. Genauso wie er die kleine Caro als Katzenbaby adoptierte, ebenso war er auch Zeit seines Lebens sehr nachsichtig mit der ungestümen Biene. Und Biene selbst? Die brachte eine gehörige Portion Selbstbewusstsein mit. Jedenfalls was das Leben in einem Rudel angeht. Sie stolzierte durch das Haus mit dem Blick: „Alles meins – wie schön."

Schon nach ein paar Tagen war sie Herrin im Hause. Selbst der riesige Lucky schritt zur Seite, wenn Biene an den Futternapf wollte. Und bereits vom ersten Tage an teilte er bereitwillig seine Hundedecke mit der Neuen. Ehrlich gesagt: Biene ließ ihm auch keine andere Wahl.

So viel Selbstbewusstsein in so einem kleinen Hund ist schon erstaunlich. Einige Zeit überlegte ich, ob diese Rudelhierarchie richtig oder vernünftig ist und ob ich nicht doch lieber eingreifen sollte. Wenn ich aber länger drüber nachdachte, dann kam unweigerlich die Gewissheit wieder, dass über kurz oder lang Biene mein einziger Hund sein würde. Und dann kann es nicht schaden wenn sie sich gegenüber anderen Hunden behaupten kann.

Selbstbewusst ist sie allerdings nur Tieren gegenüber. Vor jedem anderen Geräusch flüchtet sie sofort, besonders wenn dieses von oben kommt. Ich glaube, in ihren Vorfahren müssen Gallier gewesen sein, denn sie hat ständig Angst, dass ihr der Himmel auf den Kopf fällt. Schon das Öffnen der Kühlschranktür scheint eine Bedrohung zu sein. Wahrscheinlich ist ihr als Hundebaby mal irgendetwas auf den Kopf gefallen. Anders kann ich mir diese Angst nicht erklären.

Vom Hunde- oder Menschensport

Die Junghundezeit ging so schnell vorbei und ruck zuck wurde aus diesem kleinen Etwas ein quirliger und fröhlicher Toypudel. Ich beschloss mit Biene Hundesport zu machen. Mit Dahli war ich früher im Rettungshundeverein, also versuchten Biene und ich es erst einmal damit. Biene gefiel es dort sehr – mir nicht. Schnell musste ich feststellen, dass mir dieser Verein mittlerweile zu professionell geworden war. Ernsthaft „arbeiten" wollte ich mit Biene nicht, ich wollte Spaß für mich und Bewegung und Herausforderungen für meinen Hund. Also wechselten wir beide zum Agility. Dort war Biene genau richtig, denn Pudel trifft man nicht grundlos in jedem zweiten Zirkus an.

Dabei lernte ich zwei Dinge über Pudel.

Erstens: Es ist unglaublich, wie hoch so ein kleiner Pudel springen kann.

Zweitens: Es ist noch unglaublicher, wie schnell so ein Pudel lernt.

Und vor allem, wie schnell so ein Minipudel laufen kann! Schon nach kurzer Zeit hatte sie mich sowohl lerntechnisch, als auch sportlich abgehängt. Ich bin kein sportlicher Mensch und das Wort Kondition kenne ich nur aus Wikipedia. Beim Agility soll der Hund in einer vorgeschriebenen Reihenfolge unterschiedliche Hindernisse überwinden, und das möglichst schnell. Der Hund kann das. Der hat damit keine Probleme. Blöd nur, dass Frauchen immer mitlaufen muss. Noch blöder, wenn Frauchen so gar nicht sportlich ist. Das nennt sich nun Hundesport. Als ob der Hund sportlich davon etwas merken würde, wenn der mal eine Stunde lang rennt und springt. Das reichte bei Biene gerade mal zum Warmwerden. Eigentlich wäre „Menschensport mit Hundebegleitung" der richtige Begriff.

Ich musste also mehr üben, damit ich Biene auch mal eine Strecke schicken konnte, ohne dass ich immer hechelnd hinter ihr her lief. Das Training bei der Hundefrau war nur einmal in der Woche. Gerade oft genug, um mich regelmäßig daran zu erinnern welch sportliche Niete ich doch bin. Um mich nicht komplett lächerlich zu machen, musste also auch ich schneller lernen. Lernen, wie ich meinen Hund über Hürden, durch Tunnel und Reifen schicken kann, ohne dass ich selbst dabei all zu viel laufen muss. Ein eigener Agility-Platz zum heimlichen Üben musste her – also ab in den Baumarkt.

Solche Hürden zu bauen ist keine Kunst. Zwei Ständer an der Seite als Halterung und quer ein abgesägter Besenstil oder ein anderes Rundholz. Emsig machte ich mich an die Arbeit und stellte meine selbstgebauten Hürden im Garten auf. Im Internet kaufte ich mir dann noch Dinge, die man nicht so einfach selber basteln kann: Einen Tunnel, Stangen für den Zick-Zack-Slalom und einen Minireifen zum Durchspringen.

Und nun hieß es üben, üben, üben ....

Durch diese Übungen wurde ich zwar nur minimal sportlicher, aber es gelang mir immer besser Biene durch den Parcour zu lenken. So gut, dass Biene immer schneller und ich immer langsamer wurde. So machte Hundesport Spaß und verdiente diesen Namen dann auch. Etwa zwei Jahre später fand in der Hundeschule ein Agility-Turnier statt und was soll ich sagen – Biene und ich machten den ersten Platz. Einige Wochen danach hörten wir mit dem Training auf. Es wurde uns beiden zu langweilig – wir waren eindeutig unterfordert. Vielleicht fange ich irgendwann mal wieder damit an. Zurzeit habe ich aber kein Verlangen danach.

Zu viele Hunde sind zu wenig Katzen

Durch Biene war das Verhältnis Hund zu Katze in meinem Haus unausgewogen. Mona war in relativ kurzer Zeit und sehr plötzlich an ihrer Nierenkrankheit gestorben, als die kleine Caro wenige Monate alt war. Nun hatte ich also drei Hunde und eine Katze. Das passte nicht. Caro war ja eine Handaufzucht und hatte außer der mürrischen Mona noch nie eine andere Katze gesehen. Somit musste ich befürchten, dass sie sich irgendwann für einen Hund hielt oder zumindest irgendeine psychische Macke bekam. Eine zweite Katze für Caro sollte her. Wieder einmal machte ich mich auf die Suche nach einem geeigneten neuen Rudelmitglied. Natürlich wollte ich auch gleichzeitig etwas Gutes tun, ich kann nicht anders, bin halt ein Gutmensch. Also wandte ich mich an einen Katzenverein in einem Nachbarort. Einen kleinen Kater wünschte ich mir und meiner Caro, und so einer war zufällig auch in der Auffangstation zu vergeben.

Gemeinsam mit meiner Schwester Paula als Beistand fuhr ich hin. Der kleine Kerl war aber auch wirklich putzig. Vorwiegend schwarz mit einem weißen Kringel am Schwanz. Der hätte gut zu Caro gepasst. Hätte er, wenn ich nicht noch in das Nachbarzimmer gegangen wäre. Nur mal so zum Schauen … wie immer.

Dort waren einige ältere, abgemagerte Katzen untergebracht, die erst kürzlich aus schlechter Haltung befreit wurden. Alle klapperdürr. Deren Vorbesitzer ließen sie mehrfach über Wochen in der Wohnung alleine und es war verwunderlich, dass sie das überhaupt überlebt hatten. Eine dieser Katzen war dreifarbig. Bei dreifarbigen Katzen schaltet mein Körper automatisch von der Verstands- zur Herzsteuerung um, jegliche Vernunft und Logik wird zwangsabgeschaltet. Als die Katze dann noch auf mich zukam und mich herzzerreißend anschnurrte, da war es mal wieder um mich geschehen. Auch Paula meinte: „Da brauchen wir wohl nicht mehr lange drüber zu reden ….“ Sie kennt mich halt.

Der kleine wenige Wochen alte Kater würde ohne Probleme ein neues Zuhause finden. Aber eine erwachsene Katze mit traumatischen Erlebnissen, die nimmt so leicht keiner. Es gibt nicht viele solche Weicheier wie mich, die beim Anblick so eines Tieres instinktiv sofort „Ok – die nehme ich“ sagen. Zwei Tage später zog die frisch kastrierte Merle bei mir ein. Caros Freude hielt sich in Grenzen. „Was soll das denn sein? Bellt ja gar nicht und riecht auch komisch.“ Meinen Hinweis: „Das nennt man Katze und der Geruch kommt noch von der Narkose und geht wieder weg“, ignorierte sie einfach.

Skeptisch beäugte sie die torkelnde fremde Katze. Sicherheitshalber hatte ich Merle erst einmal in der Duschkabine untergebracht. Dort sollte sie bleiben, bis sie gerade laufen konnte ohne ständig an irgendeiner Ecken hängen zu bleiben. Sie war von der Kastration noch ziemlich dösig, und diese seltsamen unkoordinierten Bewegungen machten Caro zwar neugierig, nahmen sie aber nicht gerade für das neue Familienmitglied ein. Vielleicht hatte Merle aber auch damals schon durch die Scheibe signalisiert: „Ich finde euch alle doof." Ich vermute es fast. Denn als ich sie irgendwann heraus ließ, da musste ich zu meinem Leid feststellen: Diese Katze kann mich gar nicht leiden. Sie hatte mich reingelegt. Hinterlistig und gemein. Hatte sie mir doch in der Auffangstation vorgespielt mich und nur mich ausgesucht zu haben … so zeigte sie mir von nun an die kalte Schulter. Und nicht nur mir. Auch die anderen Tiere interessierten sie kaum.

Hunde? Ok, solange sie mir nicht im Weg liegen. Caro? Naja, solange ich genug zu fressen bekomme kann die hier gerne auch leben. Es gibt eigentlich bis heute nur ein Wesen, das Merle wirklich liebt: Paula! Ich glaube, sie hat uns damals bei der ersten Begegnung einfach verwechselt. Eigentlich wollte sie zu Paula. Kommt mich meine Schwester besuchen, dann läuft Merle bereits ihrem Auto miauend entgegen – bis heute – und belagert Paula, sobald sie sich irgendwo hinsetzt. Dann rekelt sie sich genüsslich auf Paulas Schoß, lässt sich ausgiebig streicheln und erzählt ihr wie scheiße sie es doch bei mir hat und dass sie viiiel lieber bei ihr wäre. Aber Paula hatte selber bereits vier Katzen, also musste Merle wohl oder übel bei mir bleiben. Ob ihr das nun passte oder nicht. Ich liebe sie trotzdem. Aber wenn ich sehe, wie sie sich plötzlich von einer zickigen und hochnäsigen Grande Dame zur lieben kleinen Schmusekatze verwandelt, nur weil meine Schwester anwesend ist ….

Ich muss zugeben: Das macht mich eifersüchtig

und tut manchmal schon ein wenig weh.

Ok – Merle lässt sich auch von mir streicheln. Gelegentlich und wenn Paula lange nicht hier war, dann kommt sie auch mal auf meinen Schoß. Dann sitze ich stocksteif da und traue mich nicht, mich auch nur einen Millimeter zu bewegen. Sollte ich mich doch einmal umsetzen müssen, weil vielleicht mein Bein eingeschlafen und vom Absterben bedroht ist oder aus sonstigen nichtigen Gründen, dann springt sie mit einem verächtlichen: „Na, dann eben nicht. Hast deine Chance gehabt", davon. Den Hunden gegenüber verhält sie sich genau so wie es Mona tat: Einfach nicht beachten. Und Caro? Mit der prügelt sie sich ab und an und geht ihr ansonsten aus dem Weg. Bis heute. Das hatte ja prima geklappt mit meiner Idee: „Ich hole eine weitere Katze für Caro"

Ein Kater aus Spanien

Lange Zeit hielt ich durch. Dann musste Caro eben weiterhin mit Biene als Kumpan leben. Die beiden verstanden sich prächtig. Es heißt ja immer, dass Katzen und Hunde sich nicht verstehen, weil sie eine völlig unterschiedliche Körpersprache sprechen. Wenn sich ein Hund auf den Rücken legt, dann heißt das: Ich gebe auf. Wenn sich aber eine Katze auf den Rücken legt, dann heißt es: Ich habe so alle vier Pfoten frei um dich ordentlich zu verkloppen. – Das habe ich im Internet und schlauen Büchern gelesen.

Da Biene und Caro aber nicht lesen können, wird aus diesem Missverständnis immer wieder ein lustiges Schauspiel. Meist liegt dann Caro angriffsbereit auf dem Rücken und Biene umkreist sie bellend und fängt sich so die eine oder andere Ohrfeige ein. Mittlerweile sind beide erwachsen und haben somit in etwa die gleiche Größe und Gewicht. Es ist also ein fairer Kampf. Trotzdem: Der Sieger ist meist die Katze. Wenn beide sich dann ausgetobt haben, dann liegen sie kurze Zeit später aneinander gekuschelt in der Hollywoodschaukel, als wäre nix gewesen.

Die beiden kommen prima miteinander klar. Keine Frage. Aber schöner wäre es halt, wenn Caro eine Katze als Kameraden gehabt hätte. Am besten einen kräftigen Kater, denn Caro ist ein ziemlicher Rabauke. Sie ist nicht nur ziemlich groß, sondern auch sehr kräftig geworden. Ihr Fell ist sehr dicht, und ich vermute eine Britisch Kurzhaar in ihren Vorfahren. Und sie hatte allerlei Blödsinn im Kopf. Ein Kater als Spielkamerad wäre genau richtig – wollte ich ja damals schon, als ich mich dann stattdessen für Merle entschied. Wieder einmal machte ich mich auf die Suche nach einem passenden neuen Rudelmitglied. Meine Bedenken wischte ich mit: „Ist ja nicht für mich, sondern für Caro“, fort. Na ja, man kann sich eben alles schönreden, wenn man denn will.

Wieder wollte ich ein verlassenes Tier retten. Katzenwelpen finden auch ohne mich schnell ein neues Heim, und außerdem sind die mir sowieso zu anstrengend. So schaute ich nach einem älteren, aber nicht zu alten Kater. Im Internet gibt es genügend Tiervermittlungsseiten für Menschen wie mich. Klar, irgendwie sind alle Katzen hübsch. Ich finde Katzen an sich toll. Egal ob Hauskatze oder Tiger. Aber der berühmte Funke wollte nicht überspringen. Ich spielte mit dem Gedanken ins Tierheim zu fahren, verwarf diesen aber schnell wieder. Tierheimbesuche nehmen mich immer sehr mit, und die Gefahr, dass ich mit mehr als einer Katze nach Hause komme, die war mir dann doch zu groß. Also suchte ich weiter im Internet, weil ich das für wesentlich gefahrloser hielt.

Und dann sah ich ihn. Auf einem klitzekleinen Foto sah ich diesen Kater mit der Batman-Maske und war sofort fasziniert. Dieser Blick ließ mich von der ersten Sekunde an nicht mehr los. Das ist er: Der Kater, nach dem ich schon so lange gesucht hatte.

Die Fotos von ihm waren gerade mal zweihundert Pixel breit und viel zu dunkel, um wirklich alles zu erkennen. Trotzdem, in seine ungewöhnliche Zeichnung verliebte ich mich sofort. Sein Name war Kalo – wenn das kein Zeichen war .... Ich taufte ihn später trotzdem in Filou um. Er befand sich in Spanien.

Uuuups – das war nun mal aber echt blöd. Ich halte eigentlich nichts davon, Tiere aus anderen Ländern zu importieren, während bei uns die Tierheime überlaufen. Aber manchmal muss man eben auch mal über seinen Schatten springen, und dieser Kater war ein guter Grund dafür. Das mag inkonsequent sein, mir war das aber grad mal egal. Ich hatte mich verliebt, wollte diesen Kater und rief spontan bei der Vermittlungsstelle an.

Er war noch zu vergeben und konnte schon mit dem nächsten Flug in einer Woche nach Deutschland gebracht werden. Juchhu! Was sind schon hundertdreißig Euro wenn das Herz: „Ja. Tu es!“ sagt. Dann war da aber noch dieser Satz: „Vermittlung nur nach Vorkontrolle“. Ach du Scheiße – was soll das denn? War ich des Katers etwa nicht würdig? Was, wenn sie mich für ungeeignet befanden? Eine Frau, die alleine mit vielen Viechern abgelegen im Wald lebt. Das klingt schon ein wenig bekloppt. In den Medien wurde gerade der Begriff „Tiermessie“ erfunden. Dabei handelte es sich überwiegend um einsame Menschen, die durch das Horten von Tieren irgendetwas kompensieren. Ich zähle mich definitiv nicht dazu. Ich brauche nix kompensieren. Ich will hier im Wald einfach nur meine Ruhe haben. Und diesen Kater.

Ich hatte Glück: Die Leute von „Helfende Hände e. V.“ kannten die Tierschützerin, von der ich Merle bekommen hatte. Und die kannte mich und mein Grundstück und gemeinsam befanden sie: Man kann mir den Kater ruhigem Gewissen überlassen. Puh –

Glück gehabt. Eine Woche später würde mein Filou am Hamburger Flughafen ankommen. Dort sollte ich mich mit Katzenkorb, dem Geld und meinem Ausweis zur Übergabe einfinden. Hamburg. Großstadt. Mit dem Auto hinfahren. Ich. In meinem Kopf machte sich Panik breit. Normalerweise war ich schon überfordert, wenn ich nur ein paar Stunden durch Lüneburg lief. Die vielen Menschen … die vielen anderen Autos auf der Straße … das war ich einfach nicht mehr gewohnt. Wann war das passiert, dass aus mir so ein Art Alm-Öhi wurde?

Ein Navi musste her. Und seelischer Beistand. Meine Schwester Paula bot mir beides, und so fuhr ich an einem Samstagnachmittag zusammen mit Paula aufgeregt zum Hamburger Flughafen. Der Flug hatte natürlich Verspätung, war ja klar. Wenn ich schon mal in die Zivilisation fahre ….

Schnell erkannten Paula und ich eine Gruppe Menschen, die alle einen Katzenkorb bei sich trugen und hoffnungsvoll auf die Tafel mit den Ankunfts-Anzeigen schauten. Wir gesellten uns dazu. In Gemeinschaft und unter Gleichgesinnten fühlte ich mich gleich viel sicherer. In der Gruppe machten wir auch sofort die Frau aus, die das ganze organisierte und mit der ich am Telefon gesprochen hatte. Sie zu erkennen war leicht, es war die Frau mit der Liste und ohne Katzenkorb. Endlich landete auch unser Flugzeug aus Spanien und mit ihm die ersehnten Katzen. Urlauber brachten die Tiere in großen Transportkisten als Gepäck mit. In jeder dieser Kisten waren jeweils zwei Katzen, die nun den neuen Besitzern zugeordnet und übergeben werden mussten. Dieses geschah im Vorraum der Toiletten, denn wir wollten sichergehen, dass keine der Katzen in Panik floh und wir sie dann auf dem Flugplatzgelände mühselig wieder einfangen mussten.

Ich kam mir seltsam vor. Ein wenig wie ein Verbrecher, der auf einem Bahnhofsklo einen Deal abschließt. Auch für andere war es sicher ein merkwürdiges Bild. Große Kisten wurden in den Toilettenraum geschoben. Eine Gruppe von etwa zehn Menschen stand mit kleineren leichten Kisten vor der Tür, wurde einzeln herein gebeten, um dann wenig später mit einer sichtlich schwereren Kiste hastig gen Ausgang zu verschwinden. Das sah für nicht Eingeweihte bestimmt merkwürdig aus.

Endlich war ich an der Reihe und betrat mit Paula aufgeregt den Raum. Die Papiere waren bereits vorher geprüft, das Geld übergeben, der Vertrag geschlossen. Nun fehlte nur noch die „Ware".

Als mein Filou die Kiste wechselte, da ging alles so schnell, dass ich nur einen kurzen Blick auf ihn erhaschen konnte. Er war ruhig und ein wenig teilnahmslos, eine Restwirkung der Beruhigungsspritze, die er vor dem Flug erhalten hatte. Ein kurzes Danke und alles Gute und schon hetzten wir wie alle anderen vor uns mit dem Korb zum Auto. Ich wollte so schnell wie möglich nach Hause und den Kater aus seiner Kiste lassen. Und ihn endlich live sehen. War ich auf der Hinfahrt noch konzentriert, auf der Rückfahrt war ich hektisch und abgelenkt von der ganzen Aufregung. Ich wurde prompt geblitzt und durfte mich dafür später für vier Wochen von meinen Führerschein trennen. Nun ja – meine eigene Schuld.

Ich setzte Paula unterwegs bei ihr zuhause ab und fuhr alleine mit meinem neuen Kater heim. Natürlich hatte ich mir vorher schon Gedanken gemacht, wie ich Filou den Einstieg in seine neue Welt am leichtesten gestalte. Wahrscheinlich würde er Anfangs erst einmal verschreckt und verunsichert sein. Also wollte ich ihm Gelegenheit bieten sich in Ruhe zu orientieren. Ich hatte vorab in meinem Schlafzimmer die Schränke rechts und links vom Bett oben frei geräumt, damit er sich notfalls dorthin zurückziehen konnte. Mein Plan war: Alle anderen Tiere aus dem Schlafzimmer sperren, Filou dort frei lassen und abwarten was passiert. Notfalls müsste ich eben eine Zeitlang mit einem Katzenklo im Schlafzimmer leben. Und die Hunde, die nachts sonst vor dem Bett lümmelten, mal für ein paar Tage zurück stecken.

So war der Plan. Zuhause angekommen ging ich mit dem Katzenkorb sofort in mein Schlafzimmer, stellte den Korb aufs Bett und öffnete vorsichtig die Tür. Filou schoss aus dem Korb, sprang mir auf den Schoß und beschmuste mich freudig, als hätten wir uns nach Jahren endlich wieder gefunden. Ich war überrascht. DAS hatte ich nun gar nicht erwartet! Kein Ansatz von Unsicherheit, keine Verwirrtheit. Einfach nur ein: „Hallo, ich bin Filou – schön dich zu sehen – wo steht hier denn das Futter?“.

Die Hunde hatten natürlich mitbekommen, dass sich in meinem Schlafzimmer ein fremdes Tier befand. Der Raum hatte eine Schiebtür und diese wurde zögerlich von einer Hundenase aufgeschoben. Dahli blickte unsicher auf den Kater auf meinem Schoß. Filou sah Dahli kurz an, knurrte einmal böse und erreichte, was er erreichen wollte. Sie trollte sich wieder und wagte stundenlang nicht mehr das Schlafzimmer zu betreten. Filou erhob von der ersten Sekunde an Anspruch auf mich. Und das hat sich bis heute nicht geändert.

Er machte sich auf dem Bett breit und dachte auch

gar nicht daran diese fast drei Quadratmeter mit irgendjemand zu teilen, außer mit mir. Er hing an mir wie ein Schatten. In der Anzeige hatte ja gestanden: „Er ist lieb und anhänglich und sehr auf Menschen bezogen“. Das war offensichtlich die freundliche Umschreibung für: „Der Kater ist eine Klette“.

In den nächsten Tagen bewachte er jeden meiner Schritte. Wenn ich seiner Meinung nach zu intensiv mit der Tastatur und dem Bildschirm beschäftig war, dann sorgte er für Ablenkung.

Er legte sich einfach auf die Tastatur und schaute mich mit diesem Blick an, der fragte: „Was bitteschön ist denn wichtiger? Ich oder der Computer?“

Er natürlich. Ich hatte sowieso keine Wahl. Dieser Kater ist kein normaler Hauskater, in ihm steckt ein Siamese. Er besteht aus sechs Kilogramm Muskelmasse und dem eisernen Willen nach Aufmerksamkeit. Er hat einen Charme, dem sich niemand entziehen kann und macht auch vor Besuchern nicht halt. Egal wer mich besucht, bevor ich den ersten Kaffee serviert habe, hat mein Besuch auch schon Filou am Hals. Und das ist wörtlich gemeint. Filou liebt es, bei jedem erst auf den Schoß und dann auf dessen Schulter zu springen. Oder zumindest an der Brust bis zur Schulter hoch zu kriechen, wenn das Opfer sich rechtzeitig gegen den Sprung wehrt.

Du hast eine Katzenallergie?

Du magst keine Katzen?

Dein Problem, hättest ja nicht her kommen brauchen.

Niemand ist sicher vor seiner unerschüttlichen Liebe. Weder Mensch noch Tier. Biene fand er schon nach wenigen Stunden toll – sie ihn auch. Bereits an Filous ersten Abend bei mir lagen die beiden gemeinsam auf dem Bett und kuschelten ausgiebig miteinander. Ich fand das so lange niedlich, bis ich selber auch rein wollte.

Mein Bett ist mit 1,40m zwar nicht gerade schmal. Aber Katzen finden immer genau den zentralen Punkt auf einer Decke, der es dem darunter liegenden unmöglich macht sich komplett zu bedecken. Filou ist darin Meister. Seltsamerweise ist er bei den Schlafgelegenheiten der anderen Mitbewohner toleranter. Die bekommen immer genug Platz auf der Liege – ich nie.

Schon am zweiten Tag schleimte er sich bei Merle ein. Diese war mehr als erstaunt, nahm es aber verwirrt hin. Einen Tag später lag er dann bei Dahli mit auf der Decke. Dieser Kater hätte Politiker werden sollen. Er schafft es, alle für sich einzunehmen. Erstaunlich. Keine Ahnung wie er es anstellt, aber jeder mag ihn.

Und Caro? Ja, mit Caro kuschelt er selten. Mit Caro tobt er rum und macht somit genau das, was ich still und heimlich von ihm erwartete. Mit seinem muskulösen Körper ist er mit Caro auf Augenhöhe, und die beiden verstehen sich wirklich gut. Sie toben gemeinsam durch die Gegend, und am liebsten spielen sie auf dem Dach. Mein Haus hat ein Flachdach und es ist aus Holz. Wenn die beiden da oben rumtoben, dann kann man von leisen Samtpfoten nur träumen. Es klingt eher nach Büffelherde. Hätte ich Putz an der Decke, er wäre sicherlich schon herunter gerieselt.

Filou hat unser aller Leben bereichert. Noch heute bin ich dankbar und erstaunt, dass ich durch den Blick auf ein 200 x 150 Pixel kleines Foto so viel Freude in mein Leben bekommen habe. Auch wenn ich nachts immer mal wieder wach werde, weil es mir wieder an ausreichend Bettdecke fehlt. Wie so oft zitiert: Man kann im Leben nicht alles haben und muss mit Kompromissen leben.

Für die vierte Katze kann ich nichts – ehrlich

Wer meine Einleitung aufmerksam gelesen hat, der weiß: Ich habe nicht drei, sondern inzwischen vier Katzen. Wo also kommt die vierte Katze her? Diese Erklärung bin ich meinen Lesern noch schuldig. Mit Caro, Merle und Filou war mein Bedarf an Katzengesellschaft gedeckt. Alle drei vertrugen sich mehr oder weniger gut untereinander und mit meinem Toypudel Biene. Inzwischen war ja auch Dahli an Altersschwäche gestorben – im Alter von knapp fünfzehn Jahren – und mir war so ganz und gar nicht nach Zuwachs im gut funktionierenden Rudel. Aber manchmal kommt es eben anders als man denkt oder möchte.

Es war ein Tag vor Nikolaus 2010 und ich war bei Ulf zum Kaffee eingeladen. Schon während unserer Beziehung hatte sich ein freundschaftliches Verhältnis zu seiner Cousine Maren entwickelt. Als Ulf und ich uns vor Jahren trennten, da blieb Maren meine Freundin und wir telefonieren seitdem täglich und ausgiebig und manchmal stundenlang über alles, was uns so bewegt. Wir sind halt Mädchen.

An diesem Wochenende war Maren bei mir zu Besuch und wir waren gemeinsam bei Ulf zu Kaffee und

Kuchen eingeladen. Seit Wochen schon stürmte und schneite es. Dank meines Geländewagens konnten wir trotzdem den Berg verlassen und auch ich mich mal wieder zu einem Besuch in die Zivilisation aufmachen. Es war ein netter Nachmittag am Kamin. Draußen fegte ein Schneesturm und die Temperatur war bereits auf Minus zehn Grad Celsius gesunken. Maren hatte etwas im Auto vergessen, ich weiß heute nicht mehr was es war. Jedenfalls wollten wir aus irgendeinem Grund hinaus zum Auto. Das Haus von Ulf steht direkt an einer viel befahrenen Strasse, und so ist es immer wieder ein Wagnis bei schlechter Sicht vor die Tür zu treten. So weit kamen wir aber gar nicht. Kaum hatte Maren die Tür geöffnet, da schoss uns ein kleines gestreiftes Wesen entgegen, flitzte an uns vorbei und verschwand hinter dem Schrank im Flur.

Nanu? Was war das denn? Wir schlossen die Tür, denn es fegte bereits der erste Schnee ins Haus, und blickten suchend in den dunklen hinteren Teil des Flurs. Ein Ohr – noch ein Ohr – dazwischen zwei große Kulleraugen, die uns verschreckt anblickten. Das unbekannte Wesen wagte sich aus der Ecke und vor uns stand eine junge, getigerte Katze. Sie mochte zwei oder drei Monate alt sein.

„Scheiß Wetter draußen“, sagte uns ihr Blick. Recht hatte sie.

„Wo kommst du denn her“, fragte ich zurück.

Die Antwort ist sie mir bis heute schuldig.

Ich nahm sie wie selbstverständlich hoch und trug sie rüber ins Wohnzimmer. Die kleine Katze war total durchgefroren und ich fragte mich, wie lange sie wohl schon draußen herum irrte. Wir setzten uns zum Aufwärmen vor den Kamin. Das schien ihr zu gefallen. Sie rollte sich zusammen und machte einen ziemlich zufriedenen Eindruck. Und nun? Was jetzt? Sie bei dem Wetter wieder vor die Tür setzen? Nein, das kam natürlich überhaupt nicht in Frage. Aber was dann? Maren und Ulf machten sich da mal so gar keine Gedanken und fühlten sich in keinerlei Hinsicht für das Problem verantwortlich. Für die beiden war klar: Das fiel eindeutig in meinen Zuständigkeitsbereich. Und wenn ich ehrlich bin: Ich hätte sie sowieso nicht aus der Hand gegeben. Pro Forma diskutierten wir noch halbherzig über verschiedene Möglichkeiten, mit folgendem Resultat: Als Maren und ich heimfuhren, da begleitet uns auch diese kleine Katze, die ich später Mia taufte.

Mia in das Rudel zu integrieren war gar kein Problem. Sie sah mich wohl als ihre Retterin und neue Mami und verhielt sich entsprechend. Am ersten Abend kroch sie schon zu mir ins Bett und kuschelte sich zufrieden an mich. Mia hat die Angewohnheit unter die Bettdecke zu kriechen, sich dort unten zu drehen, um dann oben mit dem Kopf wieder aufzutauchen. Diesen legt sie dann wahlweise auf meinen Arm oder das Kopfkissen und schläft so ein. Haben wir uns als Kind nicht alle gewünscht unser Schmuseteddy wäre lebendig? Mia erfüllt diesen Kindheitswunsch. Sie liegt wie ein Teddy in meinem Arm.

Natürlich hatte Mia irgendeinen Besitzer vor mir. Sie sah nicht so aus als wäre sie lange in der „Wildnis“ gewesen. Als ich sie fand – oder sie mich – war sie gut genährt und sauber. Ihr Fell glänzte und sie hatte eindeutig keine Scheu vor Menschen. Ich fühlte mich verpflichtet nach dem Vorbesitzer zu suchen, unternahm aber eher lustlose Versuche diesen zu finden. Ehrlich gesagt dachte ich mir: Wer bei minus zehn

Grad und Schneesturm seine Katze verliert und dann nicht verzweifelt rufend durch die Gegend rennt, der hat diesen kleinen Sonnenschein auch nicht verdient. Ich erwartete also zumindest eine Suchanzeige in der Lokalzeitung und beim Tierheim. In der Zeitung stand in den nächsten Tagen nichts von einer entlaufenden kleinen Tigerkatze. Also rief ich nach einer Woche lustlos beim Tierheim an und berichtete von meinem Fund. Im Stillen hoffte ich schon nach diesen paar Tagen, dass keiner sie vermisst.

So war es dann auch – zum Glück. Ich schaute auch auf die Anzeigetafeln der umliegenden Supermärkte – keiner suchte eine kleine getigerte Katze. Schon nach gut einer Woche hörte ich auf, Anzeigen in Zeitschriften oder auf Tafeln zu lesen. Wer bis jetzt nicht deutlich nach Mia gesucht hatte, der war ihrer eh nicht würdig. Auch das Tierheim hat sich nie gemeldet und so wurde Mia nach einigen Wochen gechipt, geimpft, kastriert und bei Tasso auf meinen Namen registriert wie alle mein anderen Felltiere auch.

Von Hühnern, die nicht wie solche aussehen

Habe ich es schon erwähnt? Mia ist ein kleiner Sonnenschein. Ich kann es immer noch nicht fassen, dass sie keiner vermisste. Sie ist die perfekte Katze, so eine, wie man sie aus Kinderbüchern kennt. Komplett ohne irgendwelche Neurosen. Anschmiegsam, freundlich und verträglich mit jedem anderen Tier. Selbst die Hühner mögen sie und das ist schon mehr als ungewöhnlich. Bei so vielen Tieren verliere ich manchmal schon die Übersicht. Und neigt sich der Tag dann seinem Ende, dann kommen Gedanken und Fragen in mir hoch: Wo ist eigentlich Merle? Habe ich Filou heute schon gesehen? Wo war Caro den ganzen Tag? Wann ist mir Mia das letzte Mal über den Weg gelaufen?

Meist kann ich mich dann doch daran erinnern wen ich wann das letzte Mal gesehen habe. Manchmal auch nicht. So ging es mir eines Morgens mit Mia, die bei der täglichen Raubtierfütterung fehlte. Das war ungewöhnlich. Mia ist in dieser Hinsicht verlässlich und geradezu überpünktlich. Wenn ich morgens ins Bad komme, dann streicht zumindest Mia schon ungeduldig maunzend um den Napf.

Eines Morgens im Sommer fehlte sie. Besorgt ging ich nach draußen und suchte das Grundstück nach ihr ab. Ich rief ihren Namen und hörte sofort ein trauriges „Maaauuuuu?“. Es kam aus der Hühnervoliere. Dort fand ich Mia zusammen mit den Hühnern eingesperrt und sichtlich unzufrieden mit ihrer Lage. Abends, bevor ich selber schlafen gehe, schaue ich immer noch einmal nach den Hühnern. Alle werden durchgezählt, damit auch keines versehentlich über Nacht draußen bleibt. Die letzten Eier werden eingesammelt, dann gibt es noch ein freundliches „Gute Nacht – bis morgen – schlaft schön und danke für die Eier“. Dann schließe ich den Hühnerstall und die Voliere.

Scheinbar war Mia am Vorabend von mir unbemerkt mit in die Voliere gehuscht und dort habe ich sie dann eingeschlossen. In ihrem Fell befand sich Heu – sie hatte also im Hühnernest geschlafen. Und um sie rum gackerten und pickten die Hühner. Beide Seiten schienen kaum Interesse aneinander zu haben und das beruhigte mich sehr.

Dass Hühner nicht zum Beuteschema meiner Katzen gehören, das hatte ich vorher schon festgestellt. Hühner waren den Katzen egal. Filou hat sogar Angst vor ihnen. Die sind ihm unheimlich. Sorgen in Hinsicht auf die Begegnung Hühner/Katzen machte ich mir erst seit Gesa und Kessie bei mir wohnten. Diese beiden sind keine normalen Hühner. Es sind Bantams. Dabei handelt es sich um eine Hühnerrasse, die ihren Ursprung auf Java hat. Diese Rasse ist nicht klein, sie ist winzig. Eine Bantam-Henne wiegt etwa fünfhundert Gramm und damit kaum mehr als eine Taube. Ich hatte mich in diese entzückenden kleinen Hühner verliebt, als ich im November 2010 eine

Hühnerausstellung besuchte. Wie immer wollte ich „nur mal schauen". Zurück kam ich mit drei handvoll Huhn: Zwei Bantams und eine Chabo. Ich nannte die drei Gesa, Kessie und Udine.

Auch die Chabos sind eine sehr kleine Hühnerrasse, nur wenig größer als die Bantams. Sie sind aber immer noch sehr viel kleiner als normale Hühnerrassen. Um Udine machte ich mir nicht so viel Sorgen, denn sie hatte ein starkes Selbstbewusstsein und setze sich sofort energisch gegen die anderen Hühner durch. Kessie ist die Schüchterne und geht eher allem Ärger aus dem Weg. Besorgt war ich um Gesa.

Diese kleine Bantamdame ist zahm. Nicht nur einfach zutraulich – nein, sie ist der Filou unter den Hühnern. Kaum betrete ich den Hühnerauslauf, da kommt sie auch bereits freudig gackernd angelaufen und will auf den Arm. Von dort aus krabbelt sie dann auf meine Schulter und lässt sich so gern durch die Gegend tragen. Gesa ist neugierig auf alles und scheint in ihrem Leben nie eine schlechte Erfahrung gemacht zu haben. Normalerweise sind meine Hühner in einem großen eingezäunten Auslauf sicher verwahrt. Den ganzen Auslauf habe ich mit Schutznetzen abgedeckt, so dass auch von oben kein Angreifer rein kann. Wenn im Sommer aber alles grünt und blüht, dann lasse ich die Hühner gern auch mal raus und sie können über das ganze Grundstück laufen. Seit ich die Bantams hatte, traute ich mich nicht mehr sie raus zu lassen.

Meine Katzen sind alle sehr gute Jäger. Im Sommer werde ich von ihnen mit allerlei Gaben beschenkt. Mal trete ich schon morgens direkt nach dem Aufstehen vor dem Bett auf eine tote Maus und freue mich, dass sie mir diese nicht wie üblich auf mein Kopfkissen gelegt haben. An anderen Tagen treffe ich dann erst im Bad oder der Küche auf die neueste Leiche. Wenn ich viel Glück habe, dann liegen die toten Tiere draußen auf der Fußmatte.

Immer mal wieder sind auch Vögel darunter. Klar, das finde ich auch nicht besonders toll. Ich kann es aber nicht verhindern. Und eigentlich hätte der Vogel, der von der Katze gefangen wurde, ja auch seinen Vorteil nutzen können: Er kann fliegen, die Katze nicht. Hätte er halt besser aufgepasst.

Die meisten Vögel hier kennen meine Katzen inzwischen. Sie hüpfen vor ihnen im Baum herum und wissen genau, wann es Zeit ist die Biege zu machen. Aber: Wusste Gesa das auch? Und würden die Katzen Gesa als Huhn und Rudelmitglied erkennen? Oder würden sie in ihr einen gewöhnlichen Vogel und somit eine lohnende Beute sehen? Für einen Menschen war der Unterschied kaum zu erkennen. Nachdem nun Mia, die eine der besten Jäger in der Truppe ist was Vögel anbetrifft, eine Nacht gemeinsam mit den Hühnern und somit auch mit Gesa verbracht hatte. Da war mir klar: Die Katzen erkennen den Unterschied.

Gesa ist ein Huhn und Hühner sind doof. Ich war darüber sehr erleichtert. Eine Sorge weniger.

Hühner leben im Wald gefährlich

Von nun an durften die Hühner wieder raus in den Garten. Es gibt wohl keinen schöneren Anblick für mich als glücklicher Hühner, die über einen grünen Rasen laufen und sich frei im Wald bewegen. Trotzdem machen mir solche Tage immer Angst. Die Gefahr, dass ein Greifvogel von diesem Anblick genau so entzückt ist wie ich, die ist hier schon groß. Früher, als ich meinen Hahn Max noch nicht hatte, da hat mehrmals der Habicht eine meiner geliebten Hennen getötet. So viele, dass ich etwas unternehmen musste. Damals hatten die Hühner nur das Hühnerhaus und einen kleinen abgesperrten Bereich, in dem ich sie einsperrte, wenn ich mal zum Einkaufen fuhr. Ansonsten konnten sie sich frei auf meinem Gelände bewegen. Nachdem der Habicht diese Speisekammer für sich entdeckt und sich innerhalb von kurzer Zeit vier Hennen geholt hat, da war mir klar: So kann es nicht weiter gehen. Freilaufende glückliche Hühner schön und gut. Wenn aus diesen aber tote Hühner werden, dann fange auch ich an diese Art der Haltung in Zweifel zu ziehen.

Ich habe jedes Mal Rotz und Wasser geheult, wenn

eines meiner Hühner abends im Stall fehlte. Dann bin ich stundenlang über das Grundstück und durch meinen Wald gelaufen auf der Suche nach dem fehlenden Huhn. Ich hoffte, dass es sich nur verlaufen hat. Und wenn ich dann nur noch einen Federhaufen vorfand – das zerriss mir das Herz. Natürlich ist mir klar, dass auch ein Habicht leben und fressen muss. Aber doch nicht meine Hühner.

Für mich sind das keine Nutztiere – was ich übrigens für eine absolut schreckliche Bezeichnung für ein Lebewesen halte - ich liebe meine Hühner. Aber die Hühner komplett in den bisherigen kleinen, abgezäunten Bereich einsperren, die Vorstellung behagte mir auch nicht. Der Auslauf war zwar größer als so mancher Auslauf anderer Hühnerhalter, aber für meine Ansprüche an artgerechte Haltung nicht groß genug. Derzeit hatten die damaligen zehn Hennen einen etwa fünfzig Quadratmeter großen Bereich zur Verfügung. Ich fand das zu wenig. Also musste ein größerer Auslauf her. Und der sollte sicher sein, also komplett mit einem Vogelnetz überzogen, so dass der Habicht von oben nicht rein fliegen kann.

Ich wohne ja im Wald. Und ein Wald hat eine blöde Eigenschaft: Es stehen lauter Bäume drin. Und die sind sehr lästig, wenn man einen Bereich mit einem Netz überspannen will. Ich deckte mich im Baumarkt erst einmal mit einem riesigen Berg an Vogelschutznetzen ein. Dazu kaufte ich Hühnerdraht, Rollendraht und jede Menge Kabelbinder. Außerdem bekam mein Akkuschrauber einen Bruder: Mister Akkutacker. Wir wurden schon in kurzer Zeit die besten Freunde. Als erstes baute ich aus dem vorderen Teil eine verschlossene, überdachte Voliere. Mit Hilfe meines neuen Tackers spannte ich Hühnerdraht an den Seiten und auch an der Decke. Das machte mir richtig Spaß, denn der Tacker hatte ordentlich „Wumms". Nadel um Nadel jagte ich in das Holz. Nach einer knappen halben Stunde kam der erwartete Anruf meiner Nachbarin Petra. War ja klar. Ich ignorierte erst einmal das energische Bimmeln meines Telefons in stiller Hoffnung sie möge aufgeben. Dann fiel mir aber ein, dass sie eine noch blödere Angewohnheit hat, als durchs Telefon zu nerven. Erreicht sie mich nicht am Telefon, obwohl ich doch so offensichtlich zuhause bin, dann steht sie kurze Zeit später auf der Matte, beziehungsweise an meinem Tor. Und darauf hatte ich noch weniger Lust als auf das Telefon.

Früher stand sie gern auch mal unangekündigt an der Haustür, im Wohnzimmer oder Garten, je nachdem, wo sie mich gerade vermutete. Unangekündigte Besuche kann ich nicht leiden. Unangekündigte Petras schon gar nicht. Eines Nachmittags legte auch ich mich mal eine Stunde hin. Da ich wusste, dass meine Nachbarin von Privatsphäre nicht viel hielt, verschloss ich meine Haustür, knipste die Tageslichtlampe im Wohnzimmer aus und verkrümelte mich mit Biene ins Schlafzimmer. Ich fand, all das signalisierte einem normal-sensiblem Menschen: „Hier ist keiner da und wenn doch, dann will der nicht gestört werden." – Etwa zehn Minuten später hämmerte es trotzdem an der Haustür. Ich dachte mir: Mach es wie Merle – einfach ignorieren, dann ist es nicht da. Nützte aber nichts. Das Hämmern wanderte nun von der Haustür zum Wohnzimmerfenster und vermischte sich mit lauten Rufen: „Haaaaaaalllooooh – bist du daaaaahh?" – Klopf – klopf – hämmer – hämmer. Irgendwann konnte ich Biene nicht mehr zurück halten. Ihr Adrenalinspiegel hatte inzwischen den gleichen Level wie meiner und mit gesträubtem Fell rannte sie kläffend zum Fenster.

„Huuuhuuuuu Bienchen – ist dein Frauchen gar nicht daaaaa? Bist du gaaanz alleinäääääh?“, tönte es durch die Scheibe.

Als Biene kurz davor war durch die geschlossene Scheibe zu springen, sah ich ein: Ignorieren hilft hier nix. Ich wankte verschlafen und wütend an die Tür.

„Ohh – hab ich dich etwa geweckt? Ich wollte nur fragen, ob du nicht Lust auf einen Kaffee hast?“, flötete Petra überrascht.

Ich antwortete ihr: „Nein Danke – mein Blutdruck ist inzwischen auch so schon hoch genug.“

Kaum war ich sie wieder los, da schwang ich mich ins Auto und fuhr in den nächsten Baumarkt. Ich kaufte ein Vorhängeschloss für mein Hoftor. Dadurch konnte ich sie ab sofort wenigstens frühzeitig und mit Abstand abbremsen und so verhindern, dass sie bis zur Haustür kommt. An das Tor hängte ich eine kleine Glocke. Normale Besucher betätigen einmal die Glocke und warten auf eine Reaktion von mir. In der Regel überhöre ich das Bimmeln und merke dann erst Dank bellendem Hundeverstärker, dass jemand am Tor ist.

Petra ist da anders. Sie ist sich ihrer Wichtigkeit bewusst. Sie bimmelt unerbittlich und mehrfach mit der Glocke und schickt sofort ein lautes „Haaaalooooohhhh“ hinterher, noch bevor ich überhaupt eine Chance zur Reaktion habe. Wenn ich außer Sichtweite bin, dann kann ich es das ein oder andere Mal einfach ignorieren. Meistens macht mir aber Biene einen Strich durch die Rechnung. Sie rennt zum Tor und bellt freudig. Verräterin! Und schon klappt meine "Ich stell mich einfach taub"-Methode nicht mehr und ich muss doch mit ihr reden.

Jedes Mal sage ich ihr dann: „Ruf bitte vorher an, bevor du vorbei kommst.“ und kriege dann zur Antwort: „Hab ich ja, aber du gehst ja nicht ans Telefon.“ Dass es Menschen ohne Bedürfnis nach Kommunikation gibt, der Gedanke ist ihr noch nie gekommen. Und selbst auf meine Äußerung: „Du – ich bin nicht ans Telefon gegangen, weil ich meine Ruhe haben will“, bekomme ich nur die Antwort: „Das wusste ich ja nicht. Ich dachte, du hast das Telefon nicht gehört. Und da ich gehört habe, dass du da bist, dachte ich mir, ich komme einfach vorbei.“

Einmal finde ich so eine Antwort noch logisch. Spätestens beim zehnten Mal finde ich sie dreist. Wieso glauben Menschen, dass sie ein Recht darauf haben mit jemanden zu kommunizieren, nur weil dieser einen Telefonanschluss besitzt?

Wieder einmal meinte ich schon am Klingeln zu erkennen, wer da etwas von mir will. Genervt griff ich also zum Telefon – Petra!

„Was ist denn bei dir los, das ist ja so ein Krach“

„Ich tackere“, war meine kurze Antwort.

„Ach soooo – ich hab mich schon gewundert. Was tackerst du denn da so viel? Ich wollte mich grad hinlegen.“

Nachmittags um fünfzehn Uhr ist keine Mittagsruhe mehr und somit ging mir das mal eben sonst wo vorbei. Ich antwortete ihr: „Blöd. Du – ich habe jetzt aber keine Zeit für dich. Wenn ich nicht weiter mache, dann bin ich heute Nacht um elf noch nicht fertig und muss im Dunkeln noch mit Lampe weiter tackern.“ Dieser Wink mit dem Zaunpfahl kam an und sie verabschiedete sich darauf mit einem wenig überzeugenden: „Dann mal noch viel Spaß dabei.“

Nachdem die Voliere nun dicht war, machte ich mich an den Auslauf im Wald. Eingezäunt hatte ich ihn ja bereits vor einer Weile. Nun fehlte nur noch der Schutz von oben. In dem Auslauf standen Bäume – dicht an dicht. Mein Netz hatte eine Breite von vier Meter. Der Abstand zwischen den Bäumen betrug aber höchstens mal gerade zwei Meter. Doof. Also fing ich an einer Ecke an und befestigte dort das Netz am Zaun. Dann spannte ich es bis zum ersten Baum, schnitt das Netz mit einer Schere auf, legte es rechts und links um den Baum und band es dahinter mit einem Kabelbinder wieder zusammen. Ploing – ploing – ploing – und das Netz hielt dank Tackerhilfe am Baum. So arbeitete ich mich Stück für Stück durch den Auslauf. Am Abend war ich total durchgeschwitzt, übersät mit Tannennadeln und konnte meinen Hals vom vielen Nachobenschauen kaum noch bewegen.

Nun waren die Netze zwar überall gespannt, aber der Auslauf war noch lange nicht dicht. Die Netzstreifen hatte ich ja nur grob mit den Kabelbindern verbunden, so dass die aufeinander treffenden Netze lauter 8-förmige Löcher hatten. Da konnte der Habicht locker durchschlüpfen. Der ist ja nicht blöd. Also musste ich alle Netze wie ein Fischer miteinander vernähen. Dafür hatte ich mir mehrere Rollen Blumendraht besorgt. Das Vernähen der Netze war noch bescheuerter, als das vorherige Spannen. Da konnte ich wenigstens ab und an noch tackern und so ein paar Aggressionen loswerden. Wenigstens machte das Nähen keinen Krach und ich konnte so mit Hilfe meiner Stirnlampe in Ruhe auch in der Nacht weiter arbeiten – dachte ich. Bis das Telefon mal wieder klingelte. Hier im Wald ist es verdammt hellhörig und so lässt sich das penetrante Klingeln nicht auf Dauer ignorieren. Also wischte ich grob die Tannennadeln aus dem Haar und ging rein zum Telefon. Petra war dran – welch' Überraschung!

„Was ist das denn für ein Licht bei dir da im Wald?“, fragte Petra.

„Das ist meine Stirnlampe!“, antwortete ich genervt.

„Bist du immer noch nicht fertig?“, fragte Petra.

„Nein! Werde ich wohl auch nicht, wenn ich dauernd gestört werde!“, antwortete ich

„T'schuldigung – ich habe mir halt Sorgen gemacht ...“, meinte Petra.

„Worüber? Für ein Ufo ist das Licht ja wohl zu klein.“, antwortete ich.

Die Frau treibt mich noch in den Wahnsinn ... Ein letztes Aufbegehren von Petra: „Naja – dann mach mal nicht mehr so lange. Ist ja schon spät. Ich geh nun schlafen.“

Ich antwortete nur: „Ja – gute Nacht“, und legte mal wieder genervt auf.

Den kleinen Auslauf bekam ich bis zum nächsten Mittag dicht. Nun sollten die Hühner noch ein weiteres Stück des Waldes dazu bekommen. Alles voller Bäume fand ich für die Hühner zu langweilig und für mich zu schwierig. Eine bessere Lösung musste her.

Ein paar Bäume müssen weichen

Neben dem nun übernetzten Auslauf war ein Stückchen des Wald weniger dicht bepflanzt. In der Mitte stand eine morsche Birke, die sich leider schon von selbst in ihre Bestandteile auflöste. Daneben ein paar kleinere und einige große Kiefern. Das Stück lag günstig, weil es zum einen direkt an den fertigen Auslauf grenzte, zum anderen schien die Sonne genau dort hin. Perfekt also, um den Hühnern einen sonnigen, weiteren Platz zu schaffen.

Ich schaute mir das Gelände genauer an. Mit einer normalen Säge oder Axt war hier kein Weiterkommen. Eine richtige Säge musste her. Also ab in den Baumarkt. Etwa drei Stunden später packte ich stolz meine erste eigene Kettensäge aus. Ganz schön beeindruckend so ein Ding. Ich hatte mich für eine Elektro-Kettensäge mit Kabel entschieden. Die Benzin-Motorsägen sind zwar viel praktischer im Wald, aber auch ziemlich schwer. Zu schwer für mich. Und Stromkabel habe ich ja genug. Also ging ich mit der Kettensäge in den Wald.

Ein wenig mulmig war mir schon. Was mache ich, wenn mir ein Baum auf den Kopf fällt? Oder ich mir ins Bein säge? Ach, was soll´s, andere können das auch. Kann ja nicht sooo schwierig sein. Munter fing ich an die Säge zu schwingen und tobte mich erst einmal an den kleineren Tannen aus. Spaß machte es ja! Irgendwann waren alle kleinen Tannen weg und die großen von den unteren Ästen befreit. Und ich ziemlich erledigt. Ist doch anstrengend so eine Sägerei. Skeptisch beäugte ich die verbliebenen Kiefern. Die waren doch ganz schön hoch. … Schluck. … Ok, ich strich die Segel. Damit fühlte ich mich dann doch überfordert. Aber weg müssen sie nun mal. Noch so eine Netze-Flick-und-Näh-Aktion – da hatte ich nun wirklich keine Lust drauf. Außerdem sollte der Auslauf ja hell und sonnig werden.

Ich erinnerte mich dunkel an einen Holzfäller, den ich mal kennen gelernt hatte und rief ihn spontan an. Glücklicherweise hatte er auch kurzfristig Zeit und kam vorbei, um sich die Bäume anzusehen. Ich wollte die Bäume nicht komplett gefällt haben. Er sollte sie nur bis auf eine Höhe von etwa 1,80m kappen. Dann konnte ich später das Netz einfach darüber spannen und daran befestigen.

Zwei Tage später kam er mit einem Kollegen vorbei und schon nach einer knappen Stunde waren alle Bäume gekappt. Klasse! Ich hatte inzwischen weitere Netze besorgt und überspannte nun den neuen Auslauf. Das ging dann relativ fix, da ich nicht so viel nähen musste. Nun haben die Hühner einen riesigen Auslauf. Über zweihundertfünfzig Quadratmeter übernetzte Fläche, auf der sie vor Angriffen in Sicherheit sind. Und ich habe nun endlich kein schlechtes Gewissen mehr, wenn ich sie im Sommer nicht in meinen Gemüsegarten lasse – jedenfalls kein großes.

Ich such Dosen

Auch wenn ich abgeschieden im Wald lebe, so heißt das noch lange nicht, dass ich mich vom modernen Leben abgewandt habe. Zumindest nicht, was Technik betrifft. Ich gebe zu: Ich bin ein Technik-Freak. Ich stehe auf technische Geräte! Ja, ich bin ein Technik-Junkie. Ich mag alle Geräte, die das Leben vereinfachen oder Spaß machen. Das einzige, gegen das ich mich lange erfolgreich gewährt habe, ist ein Smartphone. Ich fand einfach keinen plausiblen Grund für den Kauf. Klar, toll ist so ein Teil. Aber leider habe ich hier im Wald einen schlechten Handyempfang. Mein bisheriges funktionierte nur richtig, wenn ich stocksteif draußen vor dem Küchenfenster stehe. Und auch das nur manchmal. Ich telefonierte eh nie mit dem Handy, da ich sowieso immer zu Hause bin. Da reicht dann auch das Festnetz. Und das kostet ja nix, weil ich natürlich eine Flatrate habe. Aber so ein Smartphone ist schon schick .... Nein – ich brauchte keines. Basta.

Alle reden von Apps – nur ich weiß nicht was das ist. Das geht ja nun mal gar nicht.

Also kaufte ich mir erst einmal einen Tablet-PC. Ist ja auch unheimlich praktisch und dafür konnte ich mir dann auch einen Grund herbeireden: Ich kann es in meinem Bett benutzen, wenn im TV mal wieder gesagt wird: „Mehr dazu finden sie unter www. ….“, dann brauche ich nicht mehr aufzustehen und an den PC zu laufen. Dann greife ich nun einfach neben das Bett nach dem Pad und surfte drauf los.

So war der Gedanke. – Bis ich in den App-Market schaute und mir ein Spiel nach dem anderen runter lud. Nun daddelte ich den ganzen Tag Crazy Birds und hatte riesigen Spaß dabei. Apps sind toll. Es gibt für jeden Mist ein App. Unglaublich. Aber so ein Pad kann man je schlecht in die Hosentasche stecken. Endlich fand ich für mich doch einen Grund ein Smartphone zu kaufen. – Hurra!

Nach tagelangem Recherchieren, In-mich-gehen und Vergleichen befand ich dann: Wenn ich mir schon so ein Teil kaufe, dann auch gleich ein richtig gutes und entschied mich für das Samsung Galaxy S2. Man kauft so ein Teil ja nicht jede Woche und es soll ja auch ein paar Tage aktuell sein. Schlappe vierhundertneunzig Euro blätterte ich dafür hin. Wobei das Blättern natürlich mal wieder virtuell geschah. Fällt sowieso leichter. Es klickt sich einfacher auf „Kaufen“, als fünf Hunderter auf einen Verkaufstresen hinzublättern.

Einen Tag später hatte ich es in der Hand: Mein erstes Smartphone! Schick. Macht Spaß. Sofort begann ich etliche Apps runterzuladen und an dem Ding rumzukonfigurieren. Noch eine Leidenschaft von mir: Der Einstellungsdialog. Ich hab's gern individuell. Fortan war das neue Handy mein täglicher Begleiter. Telefoniert hatte ich damit noch nie, aber ich war mir ziemlich sicher, dass man das damit auch irgendwie konnte.

Sicherheitshalber hatte ich schon alle wichtigen

Kontakte in das interne Adressbuch übertragen. Und eines Tages passierte es: Ich war in einem Laden im Nachbarort und mein Handy klingelte. Nun ja – es klingelte nicht wirklich. Von irgendwo her ertönte plötzlich die Titelmelodie von CSI Las Vegas und nach einiger Zeit merkte ich endlich, dass es aus meiner Hosentasche schallte. Ich schaute auf das Display. – Ein Foto von Ulf lächelte mich an und drunter der Text: „Ulf ruft an". Darunter zwei Button: „annehmen" und „ablehnen". Natürlich wollte ich annehmen und tippte mit dem Finger auf den Butten. Nix passierte – nur die Musik spielte fröhlich weiter. Ich tippte, hämmerte, schüttelte .... Irgendwann verstummte das Geräusch und das Display teilte mir mit „Ulf hat aufgelegt„.

Na toll. Wie zum Teufel telefoniert man denn mit dem Ding?

Ich öffnete die Kontaktliste und tippte dort mit dem Finger auf „Ulf". Netterweise ging der Ruf dann auch wirklich raus. Beschämt gestand ich ihm, dass ich leider zu blöd dazu bin mit meinem neuen Handy ein Gespräch anzunehmen ... sehr peinlich. Später fand ich dann raus, dass man nicht auf „annehmen" tippen, sondern drüber „wischen" muss. Wie soll man denn bitte auf so was kommen? Inzwischen habe ich Übung im Wischen, denn bei einem Smartphone wischt man immer irgendwo hin.

Nun aber zu den Dosen.

Ich hatte mein Smartphone gerade zwei Wochen, da bekam ich Besuch von meinem Bruder Steffen mit seinem Sohn Leonard – beide mit der gleichen Affinität zu Technik ausgestattet wie ich. Die Kaffeetassen waren kaum gefüllt, da lagen auch schon Pad und Handys auf dem Tisch. Mein Bruder loggte sich in meinem WLAN ein und wir verglichen Apps, während mein Neffe mein Pad wie ein Steuerrad zwischen den Händen schwang: Er fuhr ein virtuelles Autorennen. Und dann sagte er diesen Satz, der mein Leben für die nächsten Wochen komplett veränderte: „Wenn du jetzt ein Androit mit GPS hast, dann machst du doch bestimmt auch Geocaching.“

Geocaching. Woher kannte ich das Wort nur? Ach ja – vor Jahren kam ein Geocacher mal als Leiche bei CSI New York vor und ich erinnerte mich dunkel, dass ich damals bedauerte, dass es so was bei uns nicht gibt.

„Nee – was ist das denn?“, fragte ich.

Mein Bruder blickte mich erstaunt an und meinte: „Das ist doch bestimmt genau dein Ding. Da sucht man im Wald nach Dosen, die andere versteckt haben. Hier gibt es bestimmt auch welche.“

Nun eine kurze Erklärung dazu, was Geocaching ist: Irgendjemand nimmt eine wasserdichte Dose, packt dort ein Logbüchlein und ein paar "Schätzchen" rein und versteckt diese Dose dann irgendwo im Wald oder an einem schönen Ort. Oder steckt sie einfach an einen alten Baum oder unter einen nichtssagenden Stein. Dann heißt die Dose nicht mehr Dose, sondern Cache.

Nun misst der versteckende Cacher die Koordinaten des Verstecks mit Hilfe eines GPS-fähigen Geräts ein und publiziert diese im Internet unter geocaching.com. Andere Cacher (Leute die diese Dosen suchen/verstecken) machen sich dann auf und suchen nach dem Cache. Haben sie ihn gefunden, dann tragen sie sich mit ihrem Cachernamen (selbst gewählter Fantasiename) in das Logbuch ein und tauschen irgendwas aus der Dose gegen etwas anderes aus. In diesen Dosen befinden sich meist Tauschgegenstände wie kleine Figürchen, Muscheln, Murmeln, Kühlschrankmagnete, Büchlein oder sonst irgendein Tinnef, den eigentlich kein Mensch wirklich braucht. Ist der Cache gefunden, loggen sie später auf der Webseite ein „Found it". Das ist das Grundprinzip dieser modernen Schatzsuche. Neben den einfachen Caches, also Dosen, die direkt an den in der Beschreibung angegeben Koordinaten liegen, gibt es noch weitere Formen. Zum Beispiel einen Multicache, bei dem man erst mehr oder weniger viele Hinweise finden muss, die einen dann auf Umwegen zum eigentlichen Cache führen. Im Internet gibt es eine Übersichtskarte, auf der alle Caches eingezeichnet sind.

Zurück zum genannten Nachmittag: Sekunden später hatte ich das passende App runtergeladen und schaute überrascht auf die Karte.In meiner Gegend lagen massenweise Caches, die nur auf einen Besuch von mir warteten. Mein Bruder hatte ja soooo Recht: Das war genau mein Ding.

Am späten Nachmittag verabschiedeten sich mein Bruder und mein Neffe. Die beiden waren mit dem Auto noch nicht richtig vom Hof, da saß ich schon am PC und meldete mich bei geocaching.com an. Etwa dreißig Minuten später saß ich im Auto auf dem Weg zu meinem ersten Cache. Er lag ganz in der Nähe an einem riesigen Findling.

Dummerweise liegen solche Findlinge nicht verkehrsgünstig an der Straße, sondern einfach dort, wo sie oder der Gletscher es vor tausenden von Jahren für richtig hielten. Und das war hier mitten im Nirgendwo eines Waldes. Seit ich cachen gehe, danke ich dem Universum immer wieder dafür, dass es mich vor einiger Zeit dazu gebracht hatte, einen Geländewagen mit Allrad zu kaufen. Mit meinem kleinen Suzuki Jimmy komme ich in jede noch so entlegene Ecke, kämpfe mich durch jede Schlammwüste und kann notfalls auch auf einem extrem schmalen Waldweg wenden. Und das war beim Cachen bereits mehr als einmal nötig.

Da ich von GPS noch so gar keine Ahnung hatte, umkreiste ich besagten Findling mehrmals. Unglaublich, wie gut sich ein etwa drei Meter hoher Stein in einem Wald verstecken kann! Dann fand ich ihn endlich. Und wenig später auch die besagte Dose. Glücklich und ein wenig verschwitzt trug ich mich in das Logbuch ein, tauschte einen kleinen Ü-Ei-Elefanten gegen eine schöne Muschel und fuhr zufrieden wieder nach Hause. Stolz loggte ich mein erstes „Found it". Mein erster Cache war gehoben. Der erste von vielen, die noch folgten.

Nun hielt mich nichts mehr. Das Fieber hatte mich gepackt. Ich wollte raus, raus in die Wildnis – mich der Natur stellen, mich durch Brennnesseln kämpfen, Sümpfe durchqueren, Berge überwinden ... nur um auf einem kleinen Zettel in einer Tupperdose meinen Namen eintragen zu können. Bekloppt. Ich kaufte mir ein Säckchen mit Halbedelsteinen (die es im Internet erstaunlich günstig zu erwerben gibt) als zukünftiges Tauschgut und sammelte meine eroberten Objekte in einem Kästchen.

Nach einer Weile hatte sich mein Equipment erweitert um viele nützliche und aus meiner Sicht unbedingt notwendige Dinge: Ein Outdoor Rucksack, ein Notizbuch, eine UV-Lampe, eine normale Taschenlampe, ein Stift, der überall schreibt, auch über Kopf und unter Wasser (man weiß ja nie was noch kommt) und ein professionelles GPS-Gerät. Klar, man kann auch mit dem Smartphone cachen. Aber mit einem Garmin geht es halt noch besser. Und ich bin, wie bereits erwähnt, ein Technik-Freak. Für die Wochenenden plante ich richtige Cache-Touren. Morgens um zehn Uhr packte ich meine Sachen und den Hund ins Auto und los ging es. Meist kamen wir dann erst nach Einbrechen der Dunkelheit wieder zurück – erschöpft aber glücklich. Meine Biene wurde auch zu einer begeisterten Cacherin. Sie war immer dabei und fand es toll. Wir stapften durch fremde Wälder, kletterten zwischen Ruinen rum und schlenderten um Seen. Entdeckten Orte, die ich ohne Cachen wohl nie zu Sicht bekommen hätte.

Inzwischen hatte ich auch meine Schwester Paula angesteckt. Sie cachte zwar nicht so extrem wie ich, aber immer öfter machten wir uns gemeinsam zu Touren auf. Zu zweit macht es noch mehr Spaß. Wir suchten uns dann mit Vorliebe etwas längere Multicaches aus. Einer, der mir besonders Spaß gemacht hat, hieß „Wo die wilden Schweine baden" und führte gut drei Kilometer durch einen wunderschönen Wald. Auf dem Weg zum Cache mussten wir sechs Stationen finden. Diese waren alle witzig versteckt: Kleine Plastik-Insekten waren auf Röhrchen geklebt. In den Röhrchen war ein Zettel mit den Koordinaten zum nächsten Hinweis. Und diese Röhrchen steckten in einem Loch eines Baums oder in einem Astloch. Natürlich soll man keine gesunden Bäume anbohren! Dieser Wald war aber ein Naturschutzgebiet, in dem alle alten und toten Bäume für die Hirschkäfer liegen blieben. Und tote Bäume kann man natürlich beruhigt anbohren, um ein Röhrchen darin zu verstecken.

Das Finden der Hinweise war nicht einfach, da natürlich in diesem Wald auch massenhaft echte Insekten herumkrochen. Aber das Gefühl, wenn man dann das gesuchte Objekt findet – das ist einfach unbeschreiblich. Unsere Suche führte uns auch zu einem Tümpel, der diesem Cache seinen Namen gab: Die „Badewanne“ der Wildschweine. Schon auf dem Weg dahin waren immer wieder Warnschilder aufgestellt. Man sollte auf keinen Fall den Weg verlassen. Die Spuren der wilden Schweine waren überall zu sehen. Uns sind keine begegnet, aber in der Dämmerung würde ich dort nicht rumlaufen wollen, …

Der sonnige Herbst-Nachmittag mit Paula im Wald, der aber war toll. Fantasievolle „Multis“ sind mir die liebsten Caches.

Wenn ich mit Biene alleine unterwegs bin, dann fahre ich meist mit dem Auto so dicht wie möglich an einen Cache ran. Ich bin halt faul und hab ein Auto mit Allrad. So einige Male fragte ich mich allerdings schon: „Was mache ich hier eigentlich?“ Wenn ich mal wieder hirnlos einem Waldweg gefolgt bin, der immer schlechter und matschiger wurde. Und enger. Nicht selten stand ich mitten im fremden Wald vor einem umgekippten Baum und fragte mich: „Wie zum Teufel komm ich hier wieder raus?“ Und wenn es dann bereits dämmert … da wird mir schon etwas mulmig.

Es dauerte nicht lange und ich verlegte meine ersten eigenen Caches: Einen Multichache rund um die Fischteiche hier im Ort. Ich versteckte sechs Dosen an einem Rundweg um die Teiche. In jeder Dose waren nur ein Logbuch und eine Nummer. Hat man alle Nummern zusammen, dann führen diese zu dem Bonus-Cache, den ich „Der verlorene Schatz der Fischer“ nannte: Eine große Dose mit allerlei Krimskrams versteckt auf einem Hügel in unwegsamen Gelände mitten im Wald. Diese Runde wollte auch Paula machen. Ich fand es spannend, mal einen Cacher dabei zu beobachten, wie er meine Caches sucht. Also machten wir uns gemeinsam auf den Weg. Paula suchte die Caches – ich hielt mich als Beobachter zurück. Leider hatten wir uns vorher bei mir wieder ein wenig verquatscht und so dämmerte es bereits, als sie den letzten Cache hob. Trotzdem wollte sie natürlich nicht ohne den Bonus gehen. Also errechnete sie mit der Formel die Koordinaten des „Schatzes" und wir machten uns auf den Weg.

So ein Smartphone hat ja schließlich ein Licht, heller als so manche Taschenlampe. Als wir den Hügel zum Schatz hoch stolperten, da war es bereits stock duster. Ungefährlich war das sicher nicht, denn andere Cacher hatten hier schon die eine oder andere Begegnung mit einem Wildschwein gehabt. Und zurück zum Auto mussten wir ja auch noch! Hier kannte ich mich ja glücklicherweise aus – aber bei Caches in fremder Gegend gibt es eine wichtige Regel: Merk dir immer die Koordinaten von der Stelle, wo du dein Auto abgestellt hast! Die erste Zeit habe ich daran manchmal nicht gedacht. Blöd, wenn man dann mitten im Wald steht, zwar die Dose gefunden hat, aber den Rückweg nicht mehr kennt.

Irgendwann hatte Paula dann die Schatzdose gefunden und alle Sorgen und Anstrengungen waren vergessen. So ist es immer beim Cachen in unwegsamem Gelände. Zwischendurch fragt man sich immer wieder „Was tue ich hier eigentlich? Und warum?" Hat man die Dose in der Hand, dann weiß man warum. In uns allen steckt noch der Jäger. Ist das Wild erlegt, dann sind alle Schmerzen vergessen. Glücklich traten wir den Rückweg an.

Später schrieb Paula in ihrem Found-it-Log:

„ … vor meiner Cacherzeit wäre ich nie auf die I-dee gekommen im Dunkeln in so einem Terrain nach einer Tupperdose zu suchen ...“

Tja – das ist Geocaching.

Alles hat einmal ein Ende – auch ein Buch

Das neue Hobby hat mich wieder ein Stückchen zurück in die Zivilisation gebracht. Gerne besuche ich Events, die von anderen Cachern organisiert werden. Ich treffe dort Menschen, die genau wie ich in ihrer Freizeit mit einem GPS durch fremde Gegenden laufen, nur um ihren Namen auf einen Zettel in einer Tupperdose zu kritzeln. So etwas verbindet. Es entstehen Freundschaften. Und es bringt mich wieder ein wenig zurück in die reale Welt.

Trotzdem: Für mich gibt es nach wie vor nichts Schöneres als ein einsames Wochenende hier im Wald. Allein mit mir, dem Wald und den Tieren. Und das wird sicherlich auch noch lange so bleiben. Das hier ist meine kleine heile Welt. Andere halten mich für eine Aussteigerin. Bin ich das? Dieses ebook habe ich unter anderem geschrieben, um genau das heraus zu finden. Richtig gelungen ist es mir nicht.

In den Wald gezogen bin ich damals, vor etwa sieben Jahren, aus Notwehr. Heute kann ich mir mein Leben gar nicht mehr anders vorstellen. Für mich ist es normal so zu leben, wie ich es hier tue. Ich will nirgendwo anders sein und bin mit meinem Leben zufrieden.

Ich denke: Das können nicht viele von sich behaupten. Nur eines weiß ich auch nach diesem Buch immer noch nicht:

Wo und wann bin ich eigentlich ausgestiegen?

Mein Leben im Wald ist noch lange nicht zu Ende – dieses Buch schon. Wenn du wissen möchtest, was ich heute oder gestern so gemacht habe, dann kannst du das mit großer Wahrscheinlichkeit unter dieimwaldlebt.de nachlesen.

Ich freue mich auf deinen Besuch. Und natürlich noch mehr über deine Meinung zu diesem Buch oder das dazu gehörige E-Book. Entweder als Kommentar in meinem Blog oder als Rezension bei Amazon – oder beides :)

Man liest sich…

Weitere E-Books

Aussteigerin aus Versehen
Kindle Edition
ASIN: B008R0JE8O

Der Nachbar (Das blaue Haus)
Kindle Edition:
ASIN: B008S2WHGM

Brot backen - gesund & günstig mit dem Brotbackautomaten
Kindle Edition
ASIN: B008UZHQ0Y

3458620R00077

Printed in Germany
by Amazon Distribution
GmbH, Leipzig